PBR・資本コストの
視点からの

STRATEGY
FOR
STOCK PRICE
APPRECIATIONS

経営者の意識改革で株価は上がる

一橋大学大学院経営管理研究科客員教授
株式会社ストラテジー・アドバイザーズ代表取締役社長

藤田 勉

一般社団法人 金融財政事情研究会

営者の意識改革が必要であると考えられる。そして、東証の指摘するように、資本コストや資本収益性、そして株価のバリュエーションに対する意識を高めることが重要である。以下、日本株が持続的に上昇するための条件という視点から、これらについて議論を進める。

　本書のデータは特に断らない限り、2023年12月末時点であり、円ドル相場は140円で換算している。国・地域別の株価指数は、FactSet Market Indices（現地通貨ベース）を用いている。米国の会社法はデラウェア州一般会社法を指す。個別銘柄のPERとPBRは、2023年末時点の株価を基に、2023年度実績ベースで算出している。また、社外取締役は特に表記しない限り、独立社外取締役を意味する。

## 【著者略歴】

**藤田　勉**（ふじた　つとむ）

一橋大学大学院経営管理研究科客員教授、一橋大学大学院フィンテック研究フォーラム代表、ストラテジー・アドバイザーズ代表取締役社長。伊藤忠商事社外監査役、ドリームインキュベータ、ライザップグループ各社外取締役。シティグループ証券取締役副会長、経済産業省企業価値研究会委員、内閣官房経済部市場動向研究会委員、慶應義塾大学講師などを歴任。2006〜2010年日経アナリストランキング日本株ストラテジスト部門5年連続1位。一橋大学大学院修了、博士（経営法）。

著書、『新会社法で変わる敵対的買収』（共著、東洋経済新報社、2005年）、『三角合併とTOBのすべて―変貌する世界のM&A法制』（共著、金融財政事情研究会、2007年）、『上場会社法制の国際比較』（中央経済社、2010年）、『バーゼルⅢは日本の金融機関をどう変えるか―グローバル金融制度改革の本質』（共著、日本経済新聞出版社、2011年）、『コーポレートガバナンス改革時代のROE戦略』（中央経済社、2016年）ほか多数。

# 目　次

## 第1章　注目される東証改革の成果

**1　経営者の本気度が株価を決める**………………………………2

日本株は依然として割安………………………………………2

株価を上げるのはむずかしくない……………………………4

**2　すべては東証改革から始まった**……………………………7

東証改革は取引所区分再編から始まった……………………7

東証株価指数の改革……………………………………………9

東証株価指数がゆがめる株式市場…………………………11

東証は「株価を意識した経営実現」を要請………………13

上場企業の情報開示の強化…………………………………14

東証改革に対して批判が強い………………………………17

プライム市場の上場企業の数を減らしても意味がない……18

進化する欧米の証券取引所…………………………………20

世界の株価指数は3社寡占が進む…………………………22

**3　株価上昇にはバリュエーション戦略が重要**………………23

バリュエーション戦略の重要性……………………………23

世界でも日本の株式保有構造は特異………………………26

歴史的に日本株のバリュエーションは大きく変化した……27

目　次　5

バブル時には株式持ち合いや総会屋の影響が大きかった‥‥‥‥‥‥‥‥‥‥‥‥‥‥‥‥‥‥‥‥‥‥‥‥29

政策保有株式売却とバリュエーション低下‥‥‥‥‥‥30

2010年代のバリュエーションの低迷‥‥‥‥‥‥‥‥‥‥32

同業種内でのバリュエーションが欧米より低い‥‥‥‥34

小括：東証改革は企業経営を変えつつある‥‥‥‥‥‥35

## 第2章　企業価値向上のための コーポレートファイナンス理論

### 1　企業価値創造のメカニズムと評価指標‥‥‥‥‥‥38

株価上昇の基本メカニズム‥‥‥‥‥‥‥‥‥‥‥‥‥38

世界の会計制度の歴史と現状‥‥‥‥‥‥‥‥‥‥‥‥39

世界の情報開示制度‥‥‥‥‥‥‥‥‥‥‥‥‥‥‥‥42

企業価値創造とは何か‥‥‥‥‥‥‥‥‥‥‥‥‥‥‥43

財務分析とバリュエーション‥‥‥‥‥‥‥‥‥‥‥‥45

事業投資の決定における評価‥‥‥‥‥‥‥‥‥‥‥‥47

資本収益性を表す指標‥‥‥‥‥‥‥‥‥‥‥‥‥‥‥48

株主資本と自己資本の違い‥‥‥‥‥‥‥‥‥‥‥‥‥51

### 2　資本コストの算出方法‥‥‥‥‥‥‥‥‥‥‥‥‥‥53

資本コストの重要性は高い‥‥‥‥‥‥‥‥‥‥‥‥‥53

株主資本コストの概念‥‥‥‥‥‥‥‥‥‥‥‥‥‥‥54

要求株主資本コストの推計方法‥‥‥‥‥‥‥‥‥‥‥55

配当と自社株買いの基礎理論‥‥‥‥‥‥‥‥‥‥‥‥57

残余利益モデルの発達……………………………………………59

## 3　日本では過度にROEが重視される……………………61

日本の企業と投資家はROEを重視する……………………61

欧米の高ROE企業は高レバレッジ…………………………63

多額の自社株買いで株主資本がマイナスになる…………66

財務指標としてのROEの問題点……………………………68

世界的な企業のROIC…………………………………………70

小括：KPIとしてROICがより適切…………………………72

---

## 第3章　魅力あるエクイティストーリーで株価は上がる

## 1　経営戦略論の視点からの模倣困難性……………………76

エクイティストーリーの構成要因…………………………76

企業戦略論と事業戦略論……………………………………77

企業の内部資源に着目する学派……………………………79

パーパス、バリュー、ミッション、ビジョンの違い………81

## 2　エクイティストーリーにおける中期経営計画の重要

性……………………………………………………………84

中期経営計画は松下幸之助が始めた………………………84

定着した中期経営計画………………………………………86

中期経営計画のない企業の株価は上がる…………………89

## 3　企業のDNAに着目したエクイティストーリー…………91

模倣困難性が利潤を生む……………………………………91

目　次　7

模倣困難性を形成する企業のDNA……………………………93

企業のDNAを軸に優秀な経営者を連続して生む企業………96

「ワクワクする夢」の理解が重要…………………………………97

高バリュエーション企業は魅力的なストーリーをもつ……100

日立製作所のシングルパーパスは「社会イノベーション
事業」…………………………………………………………………102

任天堂はハードとソフト両方でメジャーなプレーヤー……104

DNAを軸に総合商社は復活した…………………………………107

小括：模倣困難性と企業のDNAが重要………………………109

## 第4章　バリュエーションを高める財務戦略

1　欧米のバリュエーション戦略に学ぶ………………………112

米国企業は自社株買いを重視する………………………………112

米国の株主還元の制度……………………………………………113

米国では制度変更が自社株買いを増やした…………………115

米国企業の株主還元は増加………………………………………117

米国企業の株主還元は自社株買い中心………………………119

米国の経営者の高額の株式報酬………………………………122

経営者の評価は利益と株価……………………………………125

欧州の株主還元は配当が中心…………………………………127

2　日本の株主還元動向は変化しつつある…………………131

日本の株主還元制度……………………………………………131

日本の株主還元は急拡大……………………………………132

日本の経営者報酬は現金主体……………………………………135

日本企業の内部留保に対する誤解………………………………137

小括：株主還元と成長戦略のバランスが重要………………141

## 第5章　株価を上げる　インベスター・リレーションズ戦略

1　パッシブ運用が牽引する世界の資産運用業界と運用
会社……………………………………………………………144

IRとは何か……………………………………………………144

世界の多様な機関投資家………………………………………146

急成長するPEファンドとヘッジファンド…………………149

世界の主なアセットオーナー…………………………………151

日本の投資家の区分……………………………………………152

自社の株主構成の把握…………………………………………153

高まる議決権行使の重要性……………………………………156

米国における議決権行使アドバイザーの規制………………159

業績予想の開示…………………………………………………161

2　世界的な非財務情報開示の充実………………………………162

非財務情報とサステナビリティ開示…………………………162

欧州が主導する世界の女性活躍………………………………165

男女格差の情報開示の制度……………………………………167

歴史的に日本は女性進出が遅れた……………………………169

統合報告書とは何か………………………………………170

日本では統合報告書が重視される…………………………172

統合報告書の利用者は少数の重要なステークホルダー……174

小括：投資家との対話は経営に役立つ……………………175

## 第6章 | 日本はアクティビスト天国、攻めやすく守りにくい

**1 世界のアクティビズムの歴史と現状**………………………180

世界のアクティビスト・ファンドは日本で活躍する………180

世界のアクティビストの発祥とその発展過程………………182

2010年代に進化したアクティビスト・ファンドの手法……185

世界の代表的なアクティビスト・ファンド…………………188

かつては多くの米国のテクノロジー株も割安株だった……190

米国で苦戦するアクティビスト・ファンド…………………191

**2 日本の株主総会における株主権は世界最強**………………193

米国の敵対的買収と買収防衛策………………………………193

欧州の敵対的買収と防衛策……………………………………195

攻めやすく守りにくい日本……………………………………199

日本の買収防衛策は効果が限定的……………………………202

**3 活発化する敵対的買収とアクティビズム**…………………206

日本的経営のルーツとM&A…………………………………206

戦争を契機に経済・金融システムは変わった……………207

敵対的買収の歴史と現状………………………………………209

日本におけるアクティビズムの歴史……………………………212

世界のMBOの現状………………………………………………214

小括：株価上昇が最強の防衛策………………………………216


## 第7章　コーポレートガバナンス改革で株価は上がる

1　コーポレートガバナンスの世界的潮流…………………………220

　形式重視のガバナンス改革は失敗した………………………220

　コーポレートガバナンスとは何か……………………………222

　会社は株主のものか……………………………………………225

　米国における社外取締役普及の歴史…………………………227

　コーポレートガバナンスにおける社外取締役普及の重

　要性………………………………………………………………230

　欧米では社外取締役の在任期間が長い………………………231

　ボード3.0とは何か……………………………………………235

　米国のガバナンス改革は成功しつつある……………………236

　英国のガバナンス改革は失敗に終わった……………………238

　英国のガバナンス改革の失敗から日本が学ぶべきもの……241

2　コーポレートガバナンス改革における日本の課題…………243

　社外取締役の役割の過度な重視………………………………243

　日本企業は経営執行体制の高度化が必要……………………245

　取締役会偏重のガバナンス改革の限界………………………247

3　親子上場の功と罪………………………………………………249

目　次　11

海外では日本よりも巨大な親子上場が存在する……………249

親子上場とアクティビスト ……………………………………253

親子上場の是非は市場に委ねるべき ……………………255

小括：産業の新陳代謝が優れたガバナンスを生む………256


おわりに……………………………………………………………259

# はじめに

　2023年以降、日本株が大きく上昇して、日経平均株価は1989年バブル時の高値を更新した。ただし、問題は株価上昇の持続性である。

　およそ10年に一度、「いよいよ日本が変わった」と信じた海外投資家が大きく買い越して、日本株は大きく上昇することがある。ITバブル時の1999年に、海外投資家が9.1兆円買い越して東証株価指数（TOPIX）は58.4％上昇した。小泉純一郎首相（当時）が郵政解散で歴史的な勝利をした2005年には10.3兆円買い越して43.5％上昇した。アベノミクスが始まった2013年には15.1兆円買い越して51.5％上昇した。

　しかし、人口減少や企業の競争力の低下などの構造問題が簡単に解決するはずもない。株価上昇の度に、日本では根拠に乏しい楽観論が蔓延して、健全な危機感をもつことができない。その結果、本質的な改革を実行できず、やがて、失望した海外投資家が大きく売り越すパターンが続いた。

　2013年には黒田東彦総裁（当時）が異次元の金融緩和を実施し、2年後にインフレ率2％達成を目指した。しかし、2016年にはインフレ率はマイナスに陥り、マイナス金利導入に至った。アベノミクス相場が終わった2015年と2016年に海外投資家の売越合計額は3.9兆円となった。

　10年も経つと運用者が大きく入れ替わり、昔の失敗の教訓はあまり蓄積されていない。とりわけ、海外投資家はヘッジファ

はじめに　1

ンドが多いので、短期的な運用成績が悪いと運用者はクビになることが少なくない。これが、10年に一度、大きな上昇相場がやってくる理由の一つである。

今回も過去のパターンと同じである。日本に疎い海外投資家が「いよいよ日本が変わった」と考えるのは仕方ない。問題は、日本の識者が「いよいよ日本が変わった」と勘違いしてはいないか、ということである。

企業改革は遅々として進んでおらず、依然として、企業の収益力も低い。日本の自己資本利益率は米国の半分程度の水準である。多くのJTC（伝統的な日本の会社）では、年功序列、終身雇用制など日本的経営は依然として健在である。東京五輪汚職事件や大手自動車メーカーの不祥事にみられるように、コーポレートガバナンスの改善は十分とはいえない。こうして、日本経済の地盤沈下は続き、日本企業の国際的地位は低下してきた。2023年末の世界の時価総額上位100社のなかで、日本企業はトヨタ自動車1社しかない。ちなみに、2013年末は3社だった。

それでは、日本企業の凋落と日本株の相対的な不振は続くのだろうか。たしかに、同じパターンになる可能性はあるものの、今回は企業の経営者の意識が変わりつつあることに注目したい。東京証券取引所（東証）は上場企業に対して資本コストや株価を意識した経営を要請した。これをきっかけに、上場企業の株価に対する意識が大きく変わっているようにみえる。

日本企業が世界的に活躍し、かつ日本株が持続的に上昇するには、イノベーションの強化、そして株主還元という点で、経

# 第1章
# 注目される東証改革の成果

# 経営者の本気度が株価を決める

## ■ 日本株は依然として割安

　世界のなかで出遅れていた日本株だが、2023年以降、本格的な上昇基調にある。米株高、円安などさまざまな要因があるが、東京証券取引所（東証）が上場企業に対して資本コストや株価を意識した経営を要請した影響は大きいと考えられる。とりわけ、株価純資産倍率（PBR）を中心とするバリュエーションと資本コストに着目した点で、東証改革をおおいに評価したい。

図表１－１　2000年以降の日米欧の株価の推移

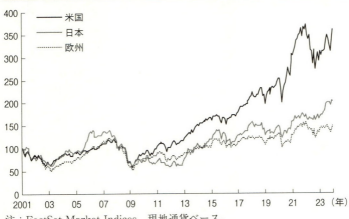

注：FactSet Market Indices、現地通貨ベース。
出所：FactSet

株価上昇の条件は、①企業がキャッシュ・フローを稼ぐ、②それを再投資する、③余資を自社株買い中心に株主還元する、である。要は、利益を稼ぎ、それを本業に投資し、余った資金は株主に還元するということだ。

　なかでも、最も重要であるのは①、つまり利益を稼ぐということである。イノベーションによって、企業の利益は飛躍的に成長することができる。米国企業は、生成AI（人工知能）、半導体、肥満症薬などのイノベーションが成長を牽引している。また、米国の成長企業は、配当よりも自社株買いを重視する傾向がある。そして、経営者の報酬は高水準であり、報酬に占める株式の構成比が高い。

　近年、日本でも多くの企業がキャッシュ・フローを稼ぐ力をつけてきた。キーエンス、東京エレクトロン、信越化学工業、任天堂がその代表的な企業である。ところが、これらはキャッシュをため込んでおり、本業への投資、あるいは株主還元に対して必ずしも積極的ではない。日本で時価総額３位のキーエンスであっても世界148位、６位の東京エレクトロンは同156位と、順位が高くない（出所：FactSet）。世界的にみて規模の小さな日本企業が、現金を過度にため込んでいたり、投資ではなく株主還元を過度に重視したりしているようでは、持続的な株価上昇は期待しづらい。

　株価が上昇すると、経営者、従業員、取引先を中心とする多くのステークホルダーに恩恵がある。企業買収時には、統合比率などで優位になることがある。また、アクティビストの脅威にさらされる可能性は大きく低下し、下手な買収防衛策よりも

第1章　注目される東証改革の成果　3

**図表1－2　先進国のバリュエーション比較**

| | 国 | 時価総額構成比（％） | ROE（％） | PER（倍） | PBR（倍） | 過去5年株価騰落率（％） |
|---|---|---|---|---|---|---|
| 1 | 米国 | 46.6 | 17.9 | 22.4 | 3.9 | 82.6 |
| 2 | スイス | 2.0 | 16.7 | 18.9 | 3.6 | 29.6 |
| 3 | 英国 | 2.9 | 14.4 | 12.0 | 1.7 | 12.8 |
| 4 | オーストラリア | 1.6 | 12.5 | 17.1 | 2.3 | 45.0 |
| 5 | カナダ | 2.4 | 12.5 | 14.9 | 1.8 | 46.0 |
| 6 | スウェーデン | 1.0 | 12.2 | 17.3 | 2.2 | 77.4 |
| 7 | オランダ | 0.9 | 11.8 | 17.7 | 2.4 | 53.3 |
| 8 | ドイツ | 2.0 | 11.5 | 12.5 | 1.5 | 23.2 |
| 9 | フランス | 3.0 | 9.1 | 21.0 | 2.3 | 56.9 |
| 10 | 日本 | 5.8 | 8.9 | 15.4 | 1.4 | 57.9 |

注：2023年末現在。FactSet Market Indices、現地通貨ベース。ROEと
　　PERは2023年末時点のFactSet2024年予想。
出所：FactSet

はるかに効果が大きい。

　日本株のPBRは上昇したとはいえ1.4倍と、米国の3.9倍、欧州の2.0倍と比較するとかなり低い。長期的なパフォーマンスをみても、米国より大きく劣る。これらを総合すると、依然として、株価上昇の余地が大きい。

## ■ 株価を上げるのはむずかしくない

　株価と業績は、その経営者の能力と意思を映す。優秀な経営

者が本気になれば、割安企業の株価を上げるのはむずかしくない。以下、その実例を紹介したい。

　一般的に、アクティビストは、企業に対し、経営改善、株主還元、事業売却、取締役選任などを迫る。株価が上がれば、売り抜けることが多いが、経営権を取得して、敵対的買収に切り替わる場合もある。

　海外投資家から、改革の進まない伝統的な日本の会社は、JTC（Japanese Traditional Company）と皮肉られることがある。JTCの共通点は、経営者のほとんどが年配の男性、年功序列、終身雇用制、上意下達の企業文化などがある。こうした企業は、アクティビスト・ファンドの投資対象になりやすい。

　村上ファンド出身の丸木強氏が率いるストラテジックキャピタル（SC）は、2012年に設立されたアクティビスト・ファンドである。中小型株に投資することが多く、株主提案を多く使うのが特徴である。主要な投資先は、淀川製作所、ワキタ、文化シヤッター、ゴールドクレスト、日本証券金融（日証金）などである。

　SCの投資先の一つである日証金は、1950年に証券金融の専門会社として新発足した。主要業務は、貸借取引業務であり、株式の信用取引に必要な資金・株式を供給する。歴代会長、社長はすべて日本銀行（日銀）出身である。株価と業績は長らく低迷し、2020年にはPBRは0.3倍まで低下した。2021年以降、SCが日証金の株式を取得し、2022年の株主総会で日銀出身者の報酬開示等を求める株主提案を行った（否決）。再度、SCは、社長ほか役員の選任プロセスを調査すべく、臨時株主総会

第1章　注目される東証改革の成果　5

の招集を請求した（2023年開催、株主提案否決）。

　報酬の開示や役員選任のプロセスの開示の株主提案を否決するためには、経営陣は株主の支持を得る必要がある。そのために、日証金は、SCに対して強力な対抗策を実施した。それが、株価上昇である。

　同社は、配当を2019年度の1株22円から2023年度には47円に増やした（2024年度は84円の予定、2024年8月時点）。自社株買い額は、2021年度23億円、2022年度30億円、2023年度38億円と増加した。結果として、自己資本利益率（ROE）は2019年度2.7%から2023年度5.7%まで上昇した。2023年には、中期経営計画を発表し、累計で総還元性向100%、2025年度ROE5%の目標を掲げる。

　こうして、株価は2020年安値から2023年高値まで3.8倍となった。「株価をどうしても上げたい」という経営者の決断によって、株価が大きく上昇した例である。

　2023年に、世界最大級のアクティビスト・ファンドであるエリオット・マネジメントが大日本印刷の5位の株主になった。大日本印刷の過去10年間の平均PBRは0.6倍、平均ROEは3.7%であり、多くの政策保有株、不動産を保有している。創業家の一つである北島（青木）一族が通算70年社長を務めており、そのガバナンスを問題視する投資家もいる。

　大日本印刷は、ROE10%、PBR1倍といった目標を掲げ、政策保有株の削減、約3,000億円の自社株買いの計画も発表した。これらを好感し、2023年安値から高値まで株価は75.6%上昇した。

同業のTOPPANホールディングスの過去10年間の平均PBRは0.6倍、平均ROEは4.8％であった。エリオットによる大日本印刷の株価取得に対して、同社も大きく反応した。中期経営計画で、PBR１倍超えを目指し、３年間で1,000億円の自社株買い、総還元性向30％以上、政策保有株式縮減等を掲げた。同様に、同社の株価は最大で2.3倍になった。

　これらが示すように、経営者が本気になって株価を上げる気になれば、株価は容易に上がる例は多い。アクティビスト・ファンドの買いに反応して経営改革を実施するのではなく、多くの日本企業が能動的に経営改革を行うようになれば、日本株全体が持続的に上昇することが期待できよう。

##  すべては東証改革から始まった

### ■ 東証改革は取引所区分再編から始まった

　東証の起源は、1878年に、渋沢栄一らが東証の前身の東京株式取引所、五代友厚らが大証の前身大阪株式取引所を創設したことにさかのぼる[1]。その後、全国各地で取引所が設立され、1897年にはその数が137に達した。当時の取引所は、株式会社組織であった。

　戦時中の1943年に全国11取引所が日本証券取引所（半官半民

---

1 「株式取引所開設140周年」（日本取引所グループサイト2024年８月27日閲覧）

の営団組織）に統合された（1947年に解散）。1949年には会員組織である東京証券取引所が発足した（大阪証券取引所、名古屋証券取引所も発足）。2001年に東証は株式会社化し、2007年には株式会社東京証券取引所グループとなった。

1999年に、東証で新興企業向けのマザーズ市場が創設され、その後、地方取引所を含め新興市場が次々と設立された。2000年に、ソフトバンクグループ（ソフトバンクＧ）と全米証券業協会がナスダック・ジャパン市場を開設した（2002年に、大証のヘラクレスに名称変更）。2009年に、大証はジャスダック証券取引所（旧店頭市場）を完全子会社化した。

2013年に、東証グループと大証の経営統合で、日本取引所グループ（JPX）が発足した。こうして、JPXは、傘下に東証、大阪取引所（デリバティブ取引所）、東京商品取引所（2019年子会社化）を有する。

2018年から始まった一連の東証改革は以下の３段階がある。

第一に、取引所区分再編である。取引所が合従連衡を繰り返したため、東証では、市場第一部、市場第二部、マザーズ、JASDAQスタンダード、JASDAQグロースの五つの市場が運営され、上場基準もそれぞれ異なった。

そこで、2022年に、東証は現物市場を統合したうえで、プライム、スタンダード、グロースの３市場に再編した。市場第一部2,176社のうちプライム市場へは1,839社（スタンダード市場1,466社、グロース市場466社）と、85％が移行した。市場第一部上場企業は選択により引き続き上場が可能だが、新たに上場する企業については、流通時価総額等の上場・退出基準を厳格化

した。

プライム市場の上場維持基準を満たすためには、「株主数800人以上、流通株式数2万単位以上、流通株式時価総額100億円以上、日次売買代金0.2億円以上、流通株式比率35％以上、純資産が正」のすべてを満たす必要がある。流通株式数の定義は、上場株式数から主要株主が所有する株式数（10％以上）、自己株式、役員、金融機関、事業法人等が所有する株式、取引所が固定的と認める株式数を引いたものとされる。

新市場区分発足に伴い経過措置として、上場維持基準の適合に向けた計画（適合計画）を開示している場合、当分の間、緩和した基準を適用している[2]。経過措置終了後（2025年3月以降）、上場維持基準に適合していない場合、1年間（売買高基準の抵触は6カ月間）の改善期間に入る。期間内に基準に適合しなかったときは、原則として6カ月間の監理銘柄指定期間および整理銘柄指定期間を経て上場廃止となる。

スタンダード市場は、一定の時価総額・流動性、基本的なガバナンスを備えた企業を対象とする。グロース市場は、高い成長可能性を有する企業を対象とする。

## ■ 東証株価指数の改革

第二の改革は、TOPIXの構成銘柄、入替えルールの変更である。TOPIXをベンチマークとするインデックス・ファンドや上場投資信託（ETF）に組み入れられるため、企業にとって

---

2　東京証券取引所「上場維持基準に関する経過措置の取扱い等について」（2023年1月30日）

構成銘柄である意味は大きい。

　TOPIXは東証一部上場企業全体を構成銘柄としていた。このため、新規上場企業数の増加により対象社数が2009年末の1,684社から2021年3月末の2,186社に増えた。結果として、時価総額が小さく、流動性の乏しい銘柄が多く含まれるようになった。新算出ルールは、流通株式時価総額100億円をメドとし、2022年4月4日より算出開始された。同年4月1日時点の旧TOPIX構成銘柄は市場区分にかかわらず継続採用する[3]。プライム市場への新規上場・市場区分変更銘柄については、新TOPIXに追加される。

　旧TOPIX構成銘柄で、流通時価総額100億円などの基準を満たさない企業は、2025年までに段階的に除外される。これらを「段階的ウエイト低減銘柄」として指定し、2022年10月以降、2025年1月まで、四半期ごとに10段階に分けて組入比率を低減していく。浮動株比率については、政策保有株などを固定株として浮動株株式数を算出する。構成銘柄数は2023年末時点で2,155銘柄であるが、2025年には構成銘柄は1,700銘柄程度となる見込みである（JPX総研は439銘柄除外を発表）。

　さらに、2026年10月以降、段階的に、第2弾のTOPIX改革が実施される見込みである[4]。TOPIXの対象をプライム市場から、スタンダード、グロース市場にも拡大する。年間売買代金回転率、浮動株時価総額の累積比率を選定基準として、年に1

---

3　東京証券取引所「TOPIX算出ルールの見直しの概要」（2020年12月25日）

4　JPX総研「TOPIX等の見直しの概要」（2024年6月19日）

回の銘柄入替えを実施し、構成銘柄数は1,200銘柄程度になる見込みである。ただし、1,200銘柄まで減らしたとしても、依然として海外の主要指数と比較して銘柄数が多く、流動性の乏しい銘柄が多く含まれることとなろう。このため、現状と比して大きな変化が生まれるとは考えにくい。

## ▍東証株価指数がゆがめる株式市場

　日本では、インデックス・ファンドが独自の進化を遂げている。2014年に、年金積立金管理運用独立行政法人（GPIF）は資産構成比を大きく変更し、日本株保有額は2014年3月末の21兆円から2024年3月末には62兆円まで増加した。そのうち96％がTOPIXを中心とするパッシブ運用である。同様に、他の大手年金基金の日本株投資の多くもTOPIX連動インデックス・ファンドであるとみられる。

　日銀のETF保有残高は74.5兆円である（2024年3月末の時価、簿価37.2兆円）。日銀のETF購入は、リーマン危機直後の2010年に残高限度額4,500億円で始まった。その後、購入額は、2013年1兆円（年間買入額に変更）、2014年3兆円、2016年6兆円、そして、2020年に12兆円まで引き上げられた。実際の購入額が最も多かったのが2020年7.1兆円、次いで2018年6.6兆円である。

　日銀とGPIFの株式保有額は合計で136兆円である（日銀のみ時価）。これは、東証プライム市場時価総額の13％に相当する。海外の先進国では、政府系年金基金や中央銀行がこれほどまで巨額な株式投資を実施する例がない。これらは、金額が著しく

大きいため、弊害が大きい。代表的な批判として、①株式市場の価格調整機能が阻害される、②日銀の株式保有比率の高い銘柄の株価が過度に上昇し流動性が低下する、③流動性に乏しい小型株の価格形成をゆがめる、がある。

発行済株式数全体に占める日銀の推計保有比率は1位アドバンテスト24.7%、2位TDK20.1%、3位ファーストリテイリング19.7%である（2024年3月末）[5]。これは、日銀が多額の日経平均連動ETFを購入したために起きた。こうした批判に対応し、2021年4月以降、日銀はTOPIX連動のETFのみを購入することとした。

こうした問題の責任は、TOPIXやそれを算出する東証ではなく、アセットオーナー（GPIFや日銀など）にある。TOPIXがベンチマークとして適当でないのであれば、GPIFや日銀などの投資家がMSCIジャパンやTOPIX100のように少ない銘柄で構成されている指数をベンチマークにすれば、この問題は解決する。

MSCIジャパンはインデックス・ファンドのベンチマークとして十分に機能するように設計されている。MSCIジャパンの銘柄数は225であり、これは東証プライム市場1,657銘柄の14%を占めるにすぎない。しかし、MSCIジャパンで浮動株時価総額の85%をカバーしており、層化抽出法（少ない銘柄で指数全体に近い騰落率を実現する手法）によって、投資収益率は市場全

---

5　西井泰之「「日銀が大株主」の企業ランキング2024【上位100社・完全版】37兆円"含み益"を使えるのか」（ダイヤモンド・オンライン、2024年5月5日）

体との乖離が小さくなるように設計されている。

実際に、TOPIXとMSCIジャパンの投資収益率は、長期的にはおおむね同水準である。さらに、時価総額と流動性を重視して銘柄を構成しているため、海外からの大型資金の売買にも対応できる。

TOPIXは市場全体の株価動向を示すことが本来の目的であり、インデックス・ファンドのベンチマークとして設計されているわけではない。指数の連続性の観点から、TOPIXの構成やその入替えルール自体を大きく変更することは好ましくない。

## ■ 東証は「株価を意識した経営実現」を要請

第三に、東証による上場企業に対する株価と資本コストにかかわる要請である。上場企業のうち、PBR１倍以下の企業が半数近くある。データ取得可能企業の45％（1,701社）がPBR１倍以下、16％（621社）が0.5倍以下である。PBRの分布では、最多が0.7倍台（280社）、次いで0.6倍台（265社）、0.5倍台（257社）である。

そこで2023年に、プライム市場・スタンダード市場の全上場会社を対象として、東証は「資本コストや株価を意識した経営の実現に向けた対応について」を公表した。毎年（年１回以上）、資本コストや株価を意識した経営の実現に向けて、進捗状況に関する分析を行い、開示をアップデートすることが求められる。

現状分析として、①資本コストや資本収益性の的確な把握、

第１章　注目される東証改革の成果　13

図表1−3　東証上場企業のPBR分布（5倍以下対象、マイナス除く）

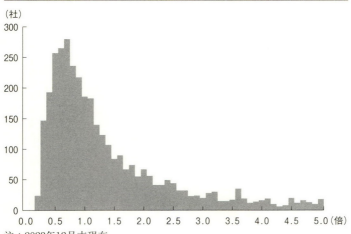

注：2023年12月末現在。
出所：東京証券取引所、FactSet

②取締役会での現状分析・評価、を求める。計画策定・開示として、①改善に向けた方針や目標・計画期間、具体的な取組みの取締役会での検討・策定、②投資者へのそれらのわかりやすい開示、を求める。さらに、取組みの実行として、①資本コストや株価を意識した経営の推進、②投資者との積極的な対話の実施、を求める。現状分析の指標として、資本コスト ｛加重平均資本コスト（WACC）、株主資本コスト｝、資本収益性 ｛投下資本利益率（ROIC）、ROE｝、市場評価 ｛株価・時価総額、PBR、株価収益率（PER）｝ をあげている。

## ■ 上場企業の情報開示の強化

　上場企業の情報開示は、米国では証券取引所法や証券取引委員会（SEC）規則に基づく法定開示が中心であるが、日本では東証規則による開示の重要性が大きい。決算短信は日本独自であり、欧米の四半期決算の速報はプレスリリースであることが多い。

　決算短信は東証記者クラブ（兜クラブ）が上場企業に決算発表の様式統一を求めたのが始まりである[6]。1980年に、決算短信の様式にかかわる業務が記者クラブから東証に移管された。そして、1999年以降、東証は情報開示の充実を図り、いまに至る[7]。

　2003年度より、東証は決算短信の四半期開示を上場企業に対して義務づけた。同年に、コーポレートガバナンスに関する記載を義務づけ、2006年に、「コーポレート・ガバナンスに関する報告書」として制度化した。

　2010年代以降、非財務情報の開示負担が増している。2010年に、有価証券報告書において、コーポレートガバナンスの開示充実化、特定投資株式（政策保有株式）の保有銘柄の開示、役員報酬の個別開示（１億円以上）が義務化された。また、臨時報告書で、議決権行使結果の開示も義務化された。2015年にコーポレートガバナンス・コードを制定した。

---

6　東京証券取引所「決算短信について」（2015年12月24日）
7　土本清幸、飯沼和雄「東京証券取引所における適時開示政策の変遷」（現代ディスクロージャー研究Vol.7、2007年３月）23〜30頁

法定開示として、2023年3月期より有価証券報告書のサステナビリティ情報の「記載欄」を新設し、「ガバナンス」「戦略」「リスク管理」および「指標及び目標」の開示を求められている。さらに、「人材育成方針」や「社内環境整備方針」および当該方針に関する指標の内容や当該指標による目標・実績を開示する。

　コーポレートガバナンスに関しては、「取締役会等の活動状況」などの開示が必要となる。また、女性活躍推進法または育児・介護休業法に基づき、女性管理職比率、男性の育児休業等取得率および男女間賃金格差の公表を行う企業は、有価証券報告書においても開示が求められる。

　政府の女性版骨太の方針を受け、東証は、プライム市場上場の国内企業について、①2025年をメドに女性役員を1名以上選任するよう努める、②2030年までに女性役員の比率を30％以上とすること、を目指す[8]。女性役員には、取締役、監査役、執行役に加えて、企業の判断によって、執行役員またはそれに準じる役職者を含むことができる。

　2024年4月より、金融商品取引法（金商法）の四半期報告書（第1・第3四半期）と、取引所規則に基づく四半期決算短信の重複を解消するため、四半期報告書は廃止された。半期報告書と通期である有価証券報告書は引き続き開示される。四半期決算短信は、注記事項に「セグメント情報等の注記」や「四半期

---

8　東京証券取引所「女性活躍・男女共同参画の重点方針2023（女性版骨太の方針2023）に係る上場制度の整備等に係る有価証券上場規程等の一部改正について」（2023年10月4日）

連結キャッシュ・フロー計算書に関する注記」が追加された[9]。

## ■ 東証改革に対して批判が強い

市場区分の再編やTOPIXの構成銘柄数に関して、「プライム市場の上場企業の数が多いことが問題であり、数を絞るべき」という批判が多い。「日本を代表する優良企業が集まる市場としてはハードルが低すぎる」「プライム市場の銘柄数を200や300に絞るべき」「TOPIX採用銘柄数の上限設定を検討すべき」との意見がある。

米国の上場企業｛ナスダック、ニューヨーク証券取引所（NYSE）合計｝の合計数は、ピークの8,032社（1996年末）から2023年末5,704社に減少した。時価総額上位7社はすべてナスダック（グローバル・セレクト）に上場している（上位8〜10社はNYSE上場）。そして、これらはすべての主要米国株価指数（時価総額加重平均）に組み込まれている。つまり、上場している取引所と、指数は関係ない。

米国では、スタートアップ企業の投資家の主な出口は他企業への売却であり、上場までたどり着く企業は比較的少ない。アルファベット（グーグル）によるユーチューブ買収、メタ・プラットフォームズによるインスタグラム買収など大企業によるスタートアップ企業買収の成功例が多い。

一方で、日本では大企業によるベンチャー企業買収の数が少ない。このため、多くのスタートアップ企業の目標は上場とな

---

9　東京証券取引所「四半期開示の見直しに関する実務の方針」（2023年11月22日）

第1章　注目される東証改革の成果　17

り、規模の小さい上場企業が割安のまま放置されやすい。

　東証上場企業数は3,933社、時価総額は867兆円である。東証全体で、時価総額3,000億円以上の企業は全体の10.2％、同1,000億円以上は同20.7％である。逆に、同100億円未満の企業は同37.7％、同50億円未満の企業は同22.3％もある。

　上場企業数が多い理由の一つは、上場のハードルが低いからである。東証のグロース市場は、①株主数150人、②流通株式数1,000単位以上、流通株式時価総額5億円以上、流通株式比率25％以上、③事業継続年数1年、④公募の実施500単位以上、等である。

　東証グロース市場に相当するナスダックのキャピタル・マーケット（資金調達を目的とした小型株企業向け市場）の新規上場基準はこれより厳しい。基準は、①株主数300人、②流通株式数100万株、③終値3ドル（もしくは2ドル、または入札価格4ドル）、④マーケットメイカー数3社、⑤流通株式時価総額1,500万ドル（21億円、純利益基準の場合8億円）などである。直接上場、特別買収目的会社（SPAC）上場を除き、資本基準、時価総額基準、純利益基準のうち、1種類の要件を満たせばよい。

## ■ プライム市場の上場企業の数を減らしても意味がない

　「プライム上場企業社数を200、あるいは500にすべき」という意見がある。しかし、上場企業社数や株価指数の構成銘柄数を絞っても、日本企業の成長力が高まり、株価が上昇すること

18

は考えにくい。

　過去10年の株価上昇率は、最も構成銘柄数の多いTOPIXが81.7%、TOPIX500（銘柄数498）が80.9%、TOPIX100（同99）が82.1%と、銘柄数が少なくても大きな相違はない。むしろ、30銘柄しかないTOPIX Core30は71.2%と最も低い。投資収益率が低い理由は、時価総額の大きい成熟企業や衰退企業が多く含まれるからである。

　「プライム市場は玉石混交」という批判もある。しかし、玉石混交であればいいのだが、実際には、プライム市場上場企業のなかで「玉」を探すのは容易でない。世界の時価総額上位100社中、日本はトヨタ自動車1社（1位米国61社、2位中国8社、3位フランス5社）、上位1,000社でも75社（米国374社）しかない。日本で2位のソニーグループ（ソニーG）でも世界では117位である。

　「約1,700社とプライム上場企業数が多すぎることが、機関投資家のエンゲージメントの機能不全を招いている」という批判がある。しかし、「エンゲージメントの機能不全」という事実はない。エンゲージメントという点では、前述のように、国内外のアクティビスト・ファンドが大きな役割を果たしている。

　メディアの報道では「上場基準を厳しくして企業価値を高めるねらいだったが、資本を有効に使えず、稼ぐ力は海外に見劣りしたまま」という指摘がある。筆者は、こうした一連の議論に対し、東証に対して過度な期待があるのではないかと感じる。米国株の上昇率が高いのは、米国が優秀な経営者を多く輩出したことが最大の理由であって、証券取引所改革や銘柄数を

第1章　注目される東証改革の成果　19

絞ったことの成果であるとは考えられない。プライム市場の上場基準を厳しくしたら、日本企業の成長力が高まるのだろうか。日本企業と株価の低迷の原因は経営者にあるのであって、証券取引所に責任があるとは考えられない。

日本企業の競争力低下、株価低迷は構造的である。東証改革といった戦術論のみならず、「優れたリーダーを育てる」という本質論が議論されることを期待したい。

## ■ 進化する欧米の証券取引所

次に、改革が先行している欧米の取引所、株価指数の動向を分析し、東証改革への示唆を得る。

海外では、規制緩和に伴い、取引所間の経営統合や新規参入が相次いでいる。株式市場の時価総額増大、高頻度取引（HFT）の増加、情報通信コストの低下など、取引所業務の魅力は増しているため、米国では証券取引所の新規参入が活発化している。また、証券取引所や株価指数算出会社の合従連衡が進んでいる。

米国では16の株式証券取引所があるが、そのうち、ICE（インターコンチネンタル取引所）、ナスダック、Cboe（Cboeグローバル・マーケッツ）が合計12株式取引所を運営している。そして、ICE傘下のNYSEとナスダックが2大株式取引所である。取引所別株式売買代金シェア（2023年第4四半期）は、ICEが20.3％（5取引所合計）、ナスダック16.1％（3取引所合計）、Cboe（4取引所合計）が13.0％、取引所外取引が43.4％、その他7.2％である（出所：SIFMA）。

1792年発祥のNYSEには伝統的な大企業の上場が多い。上場株式時価総額は3,579兆円、上場会社数は2,272社である。2007年に、NYSEはユーロネクスト（アムステルダム、ブリュッセル、ダブリン、リスボン、オスロ、パリの証券取引所が統合）と経営統合した。2013年に、ICEがこれを買収し、NYSEを残してユーロネクストを売却した。こうして、ICEは、エネルギー、農産物、貴金属、排出権、株価指数、外国為替、金利、デリバティブなど多様な金融商品を扱う総合取引所となった。

　ナスダックは、店頭市場の自主規制機関であったNASD（全米証券業協会）が、1971年に開設した市場である。ハイテク企業を中心に若い成長企業が多く上場している。上場株式時価総額は3,278兆円、上場会社数は3,432社と、NYSEとほぼ互角である。2008年に、北欧の取引所OMXを買収した。

　ナスダックには、①グローバル・セレクト・マーケット、②グローバル・マーケット（国際的な優良企業）、③キャピタル・マーケット、の区分がある。グローバル・セレクト・マーケットは、世界で最も厳格な流動性、財務、ガバナンス基準が要求され、アップル、マイクロソフト、エヌビディアなどが名を連ねる。ナスダック上場企業のうち、企業数は56％、時価総額は97％を占める（2024年1月26日、海外銘柄含む）。

　Cboeは、1973年にシカゴ・ボード・オプション取引所として創設された。米国初のオプション専門の取引所である。株式、デリバティブ、FX、デジタル資産など複数の資産クラスの商品を提供する。米国株式市場のボラティリティ（S&P500）を基に算出したVIX（恐怖）指数は有名である。

第1章　注目される東証改革の成果　21

欧州では、ユーロネクスト、ドイツ証券取引所、ロンドン証券取引所グループがある。2021年に、ドイツ証券取引所はISS（米国議決権行使助言会社）を買収し、多角化を推進している。ロンドン証券取引所のメインマーケットは、3市場に区分され、また、新興企業向けのAIM市場がある。フランクフルト証券取引所は、ジェネラル・スタンダードとプライム・スタンダードに分けられる[10]。ユーロネクストは、既存大手企業を対象に時価総額で3段階に区分する。

## ■ 世界の株価指数は3社寡占が進む

　世界では、指数算出企業は大きく成長している。株式投資において、インデックス・ファンドやETFが成長しているため、株価指数の重要性が一段と高まっている。

　米国の公募型株式投信（債券とのハイブリッド除く）のうち、インデックス・ファンドの純資産額は2013年末の120兆円から2022年末には678兆円と5.6倍になった（出所：ICI）。また、世界のETF資産額は、2013年末の320兆円から2023年末には1,610兆円と6.5倍になった。さらに、指数とETFが多様化しており、これらの収益貢献もある。

　株価指数算出は以下の3社による寡占が進んでいる。

　MSCI（親会社MSCI）は、グローバルな株価指数に強い。1969年に資産運用会社キャピタル・グループが国際的な株価指数の算出を開始したのが発祥である。1986年に、モルガン・ス

---

10　日本証券経済研究所編『図説　ヨーロッパの証券市場　2020年版』（日本証券経済研究所、2020年）118頁

タンレーが権利を買い取り、MSCIと名付けた。各国の株価指数は、その市場全体の浮動株時価総額の約85％を占めるように設計されている。

　FTSEラッセル（同ロンドン証券取引所グループ）は、株式、債券のグローバルな指数を算出するのが強みである。1962年に、ファイナンシャル・タイムズ（FT）が現FTSE All-Share Index（英国株価指数）の算出を開始した。1995年に、FTとロンドン証券取引所が合弁会社を設立した（2011年にロンドン証券取引所グループが完全子会社化）。2014年に、フランク・ラッセルを買収し、小型株指数を強化した。2017年に、シティグループから債券指数事業を買収した。

　S&Pグローバルは、債券の信用格付が祖業である。S&P ダウ・ジョーンズ・インデックスが、指数やデータおよびリサーチを提供している。ダウ・ジョーンズ工業株価平均（1896年開始）やS&P500（1957年開始）を算出している。

 ## 株価上昇にはバリュエーション戦略が重要

### ■ バリュエーション戦略の重要性

　多くの日本企業は、中期経営計画を中心にファンダメンタルズ戦略を策定することには熱心である。しかし、明確なバリュエーション戦略をもつ企業はほとんど見当たらない。そこで、以下、日本株のバリュエーションを高める戦略を検討する。

株価の決定要因は、ファンダメンタルズとバリュエーションである。たとえば、株価＝株価収益率（PER）×1株当り純利益（EPS）、あるいは、株価＝PBR×1株当り純資産（BPS）で説明できる。つまり、ファンダメンタルズとバリュエーションの両方を引き上げることが、株価上昇に対して有効である。

　株式には、以下の三つの側面がある。

　利潤証券は、株式を保有することにより、配当や値上り益などの利潤を得られることを指す。株価は「将来の利益を現在価値に割り引いたものの合計」とされる。

　資産証券は、株式保有による物的な資産性を意味する。株主は、企業が解散した場合の残余財産請求権をもつ。残余財産とは、会社を清算した時に、債務を払った後に、残った財産を株主が無制限に取得する権利をいう。

　支配証券は、株式保有数に応じて会社経営に影響力を行使できることを意味する。株主は、株主総会参加、議決権行使、株主提案などの権利をもつ。企業買収などにおいて重要な権利である。

　一般には、利潤証券の側面に注目して株価が形成されるが、企業買収などの局面では、資産証券、支配証券としての要素が注目されることがある。最近注目を集めるPBRは、資産証券の側面に着目したものである。

　株価は金利などのマクロ要因、利益の成長力、安定性などのミクロ要因で決定される。株価上昇のための戦略は、主に、以下がある。

　第一に、ファンダメンタルズの魅力を高める戦略である。そ

の手段としては、利益成長やバランスシート・マネジメントが中心となる。

第二に、バリュエーションを高める戦略である。その手段として、短期的には自社株買いなどの株主還元が有効であるが、中長期的にはエクイティストーリー（詳細は第3章）の策定などが有効な場合がある。

第三に、インベスター・リレーションズ（IR）戦略である（詳細は第5章）。これはバリュエーションを高める戦略の一環でもある。投資家は多彩であり、それらのニーズは大きく異なる。投資家を対象に、企業の魅力を訴求することは株価上昇に有効である。

バリュエーションの評価指標として、資本市場の参加者が頻繁に用いるのが乗数（マルチプル）アプローチである。株価収益率PER（株価／予想EPS）、株価純資産倍率PBR（株価／BPS）、株価売上高倍率（PSR）、株価キャッシュ・フロー倍率（PCFR）等があげられる。これらのなかで、代表的なものはPERとPBRである。

それぞれに長所と短所がある。PERは、株価をEPSで除したものであり、会社の収益力を判断する指標である。一般に、PERが高いほど、株価が割高と判断できるが、将来の利益成長の期待によって高くなる場合もある。一方で、実務上の欠点もある。利益に対して株価が上昇するとPERは上昇するが、株価が一定であれば、利益が減少してもPERは上昇する。つまり、PERは、その企業が成長する時も、業績が悪化する時も、上昇することがある。また、最終損益が赤字になった時には有効で

第1章　注目される東証改革の成果　25

はない。

　株価を、資産の面から評価するのがPBRである。BPSは企業の業績が悪化しても、最終赤字でもバリュエーション指標として有効である。このため、時系列でバリュエーションを分析することは有効である。BPSは、その企業の解散価値を示すものなので、1倍が目安となる。ただし、すべての資産、負債が時価会計化されているわけではなく、また、資産の売却時には価格が下落することがあるので、BPSが正確でない場合がある。

## ■ 世界でも日本の株式保有構造は特異

　バリュエーションの変化において、株式保有構造の影響は大きい。以下、株式保有構造の国際比較である。

　先進国全体の時価総額に占めるアングロ・サクソン諸国の構成比は合計53.4％と大きい（米国46.6％、英国2.9％、カナダ2.4％、その他1.5％）。アングロ・サクソン諸国では、機関投資家保有株比率が高い。それに対して、大陸欧州や日本では事業法人の保有株比率は比較的高い。

　米国では、家計部門による株式の直接保有は徐々に減少し、年金や投信などを通じた間接保有に移行している。個人株主の保有比率は、1952年3月末（統計開始）の90.8％から2023年末には41.0％に低下した（出所：FRB）。国内機関投資家（年金、保険、投信、証券会社）の株式保有比率は37.6％である。外国人の株式保有比率は、1980年末の5.0％から2023年末17.3％に上昇した。

　欧州の外国人保有比率は比較的高い。英国は1963年末には

7.0％であったが57.7％と主要国では最高水準にある（2022年末、出所：Office for National Statistics）。個人は1963年末の54.0％から2022年末には10.8％に減少した。

外国人保有比率は、ドイツが52.3％（2022年、国内上場銘柄対象、出所：ブンデスバンク）、フランスが37.8％である（2021年、同、出所：フランス中央銀行）。フランス事業法人の保有比率は31.5％と5年前から8.5ポイント上昇している。

日本の外国人の保有比率は、1989年度末の4.2％から2023年度末の31.8％に上昇した。次いで、国内機関投資家29.8％、事業法人19.3％、個人16.9％となっている。

## ■ 歴史的に日本株のバリュエーションは大きく変化した

次に、日本のバリュエーションの歴史を分析する。1980年代前半に、日本株の平均PER（東証一部単体ベース、月次）は、27.7倍（1981年以降）であった。バブル発生前のPBRは2倍前後であった。

バブルによって、1982年8月安値から1989年12月高値までTOPIXは5.6倍上昇した。バブル発生のきっかけは、1985年プラザ合意以降の急激な円高であった。1985年の1ドル263円から1988年には120円まで上昇した。これに対応して、政策金利が大きく引き下げられた。こうして、バブルが始まり、PBRは1989年に5.4倍まで上昇した。1980年代後半のPERは平均53.2倍であり、米国の10倍台前半とは大きな差があった。

1989年の経済企画庁の年次経済報告によると、①低金利、②

第1章　注目される東証改革の成果　27

図表1-4　日本のPBRの推移（東証一部、月次）

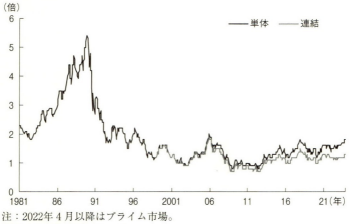

注：2022年4月以降はプライム市場。
出所：日本取引所グループ

株式持ち合い、③企業の含み資産、が高株価の要因としてあげられている[11]。1980年代後半は、株式のみならず、不動産、ゴルフ会員権など多くの資産価格が大きく上昇した。また、日本企業の国際競争力が最も高い時期であり、電機、自動車など国際優良株の業績が良好であった。

　しかし、崩壊しないバブルは存在しない。1990年代はバブル崩壊に伴う三つの余剰（雇用、負債、人員）が生じ、株価の低迷は長期化した。1998年前後、2002年前後と二度にわたって金融危機が発生した。1990年代以降、日本株の相対的なバリュ

---

[11] 経済企画庁「第1章昭和63年度の経済の動き　第1節昭和63年度経済の特徴」(「平成元年年次経済報告—平成経済の門出と日本経済の新しい潮流—」(1989年8月8日))

エーションは大きく低下して、現在に至る。

## ■ バブル時には株式持ち合いや総会屋の影響が大きかった

　戦後から1980年代にかけての株式持ち合いや政策保有株が増加した。持ち合いの起源は、1952年の陽和不動産（現在の三菱地所）買占め事件である。三菱系企業が陽和不動産株を買収者から高値で買い取った。これらを契機に、株式持ち合いが始まった。つまり、敵対的買収防衛が株式持ち合いのルーツである。

　1964年のOECD（経済協力開発機構）加盟による資本自由化に対応するために、安定株主工作が進んだ。1960年代以降、反戦、反基地を訴える左翼が株主総会に介入するようになり、それに会社側が対抗するために反社会的勢力である総会屋を使うことがあった。こうして、総会屋が企業経営に対して大きな影響を及ぼすようになった。

　1970年代には、企業の不祥事などをネタに企業を恐喝、あるいは威嚇して金銭を得る総会屋が増えた。このため、企業は総会屋を排除するようになった（例：株主総会集中日[12]）。1981年には、総会屋を撲滅する目的で、利益供与罪（旧商法497条、会社法970条）が創設された。

　1980年代の反社会的勢力（総会屋含む）による敵対的買収の増加、株高を背景に、政策保有株式の残高はピークを迎えた。

---

12　内田大輔「経営慣行からの逸脱行動―株主総会開催日の分散化を事例に―」（日本経営学会誌第37号、2016年）51〜63頁

第1章　注目される東証改革の成果　29

バブル期に、有力な総会屋は乗っ取り屋に転じた。反社会的勢力による買収例が、1988年の許永中氏による雅叙園観光、1987年の小谷光浩氏による蛇の目ミシン工業（現ジャノメ）である。1997年に、大手証券4社と第一勧業銀行が総会屋に対して利益供与して、社長を含む経営者が摘発された。

1982年9月末時点で総会屋は2,012名の4分の1強が暴力団関係者によって占められていた[13]。その後、摘発と罰則強化によって、2023年末には、総会屋は150名まで減少した[14]。

## ■ 政策保有株式売却とバリュエーション低下

バブル崩壊後の1990年代の平均PBRは1.9倍と現在より高かった。バリュエーションが本格的に低下したのが、ITバブルが崩壊した2000年以降である。その後、PBRはおおむね1倍から1.5倍で推移している。

1997年アジア危機、2008年リーマン危機などの大型金融危機に対応して、世界的にバーゼル規制などの自己資本・流動性規制、銀行株式保有規制などが実施された。FSB（金融安定理事会）は、国際的に金融システムに重要な影響を与える銀行G-SIBs（グローバルなシステム上重要な銀行）を指定する。これは、より大きく、複雑な構造をもつ銀行に対して、より厳しい自己資本比率を求めるものである。

2004年に、銀行等の株式保有規制が導入された。銀行等およ

---

13　法務省「昭和58年版　犯罪白書」（1983年10月）
14　警察庁組織犯罪対策部「令和5年における組織犯罪の情勢」（2024年3月）

びその子会社等は、合算して自己資本に相当する額を超える額を保有してはならない（銀行持株会社も同様）。さらに、銀行や保険会社等は、その子会社が合算して、一般事業会社の議決権の５％を超えて取得し、または保有することを禁止している（保険会社の場合10％、独占禁止法11条、銀行法16条の４；銀行持株会社の場合15％、銀行法52条の24）。これらの影響により、金融機関（信託銀行除く）は政策保有株式を減少させた。市場全体に対するこれらの株式保有構成比は1985年度39.8％から2023年度6.8％まで低下した。

　近年、持ち合い株に対して、機関投資家からの圧力が高まっている。有価証券報告書で、政策保有株式の保有状況（貸借対照表計上額の資本金額１％以上もしくは上位60銘柄）を開示する必要がある。コーポレートガバナンス・コードにおいても、原則１－４で政策保有株式の開示の要請がある。

　ISS（米国議決権行使助言会社）は、政策保有株式の保有額が純資産の20％以上の場合、経営トップである取締役選任に対して反対を推奨する基準を導入している（ISSに次ぐ規模のグラス・ルイスは2025年以降、５年以内に純資産の20％以下にする目標を求める）。

　プライム市場上場企業の場合、純資産に占める保有する政策保有株式の時価総額の平均値は8.0％、中央値は4.5％である[15]。また、TOPIX100（金融、化学１社除く87社）が保有する政策保有株式の銘柄数は、2013年度末の10,874銘柄から2021年

---

15　東京証券取引所「東証上場会社 コーポレート・ガバナンス白書2023」（2023年３月）

度末の7,886銘柄に減少している[16]。持ち合い解消は進んでいるものの、自社株買いの影響で、事業法人の株式保有構成比の低下は緩やかであり、依然として水準は高い（19.3%）。

## ■ 2010年代のバリュエーションの低迷

日米欧の株価は、2000年代はおおむね連動して動いていたが、2010年代以降の日本株の上昇率は海外株式と比較して劣る。米国企業は、ファンダメンタルズも良好だが、バリュエーションが大きく上がっていることも株価上昇の要因である。

米国（S&P500、直近12カ月ベース）のPBRは、ITバブル時の1999年末には5.9倍に達した。その後、バブルが崩壊し、3倍台前後で推移していたが、リーマン危機を契機に、2009年2月末の1.5倍まで低下した。それが、2020年代には4倍前後まで回復してきた。

過去10年間の株価上昇率は、米国136.4%、日本は85.9%である。同期間のEPS成長率は、米国89.3%、日本116.2%と、日本のほうが高い。問題はバリュエーションの低下である。PERは、同期間に、米国は17.9倍から22.4倍に上昇したが、日本は17.9倍から15.4倍に低下した。PBRは、米国は2.6倍から3.9倍に上昇したが、日本は1.3倍から1.4倍とおおむね横ばいである。

日本の資本収益性も低迷している。ROEは、米国が過去10年間で13.5%から17.9%に上昇し、欧州は9.7%から12.6%に

---

16　前掲・注15と同じ

図表１－５　日米欧のPBRの推移

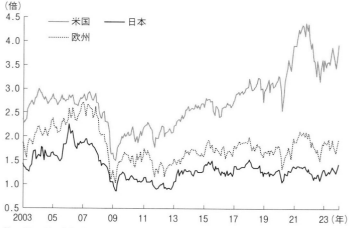

注：FactSet Market Indices
出所：FactSet

上昇する一方、日本は8.5％から8.9％とほぼ同水準である。

　市場全体では、PBRが２倍以上の米国企業（S&P500）は全体の70.2％を占める。日本企業（TOPIX500）が28.9％、欧州企業（ストックス欧州600指数）が52.1％である。PBRが１倍未満の米国企業は9.6％を占めるにすぎない。それに対し、日本企業は38.8％を占める（欧州企業は21.0％）。

　この現象は、個別銘柄でも同様である。米国企業は、バリュエーションの絶対水準も高い。時価総額上位企業のPBR（PERではない）は、エヌビディアは28.4倍、イーライリリーは51.4倍と高い。

　アップルの株価は10年間で9.6倍になった。EPSは4.3倍に

なったが、同時にPERは14.1倍から31.4倍に上昇した。多額の自社株買いによりBPSは18.6%減少したが、PBRは4.1倍から48.2倍に上昇した。このように、アップルの株価上昇の主因の一つはバリュエーション上昇である。

　一方で、日本は、自動車、通信、銀行、商社など伝統的企業のPBRは1倍台、そしてソニーGや日立製作所でも2倍前後である。日本企業の多くは、ファンダメンタルズは良好だが、バリュエーション低下の分、株価上昇率が低下する。トヨタ自動車は、過去10年間で株価は2.0倍になった。EPSは3.2倍になったが、PERは11.2倍から7.1倍に低下した。BPSは2.8倍増加したが、PBRは1.4倍から1.0倍に低下した。

## ■ 同業種内でのバリュエーションが欧米より低い

　日本の株式市場は、バリュエーションが高い傾向があるテクノロジーやヘルスケアの時価総額構成比が低い一方で、バリュエーションが低い自動車、金融、通信などの構成比が高い。これが、日本株全体のバリュエーションが低い理由の一つである。

　さらに、世界の同業種内において、日本企業のバリュエーションが低い傾向がある。日本の自動車産業はガソリン車主体でEV比率が低いため、成長期待が低い。ホンダは、過去10年間にBPSが140.2%増加したが、株価上昇率が1.6%にとどまった。PBRは1.3倍から0.6倍に低下した。EPSは95.5%増加したが、PERは、12.5倍から6.5倍に低下した。

　電気自動車（EV）に特化しているテスラ（米国）のPBRは

12.6倍（時価総額110.6兆円）と高い。ポルシェAG（ドイツ）は、かつては燃費の悪いガソリン車（代表例は911）の製造で知られていた。しかし、ガソリン車並みのパワーをもつ高級EV「タイカン」などを開発し、2025年までにEV比率を50％に高めることを目指している。株式市場はポルシェAGの変身を評価しており、PBRは3.3倍（同11.2兆円）と高い。

メガバンクのバリュエーションも低い。ROEが10％を超える欧米メガバンクが多いのに比べ、日本のメガバンクのROEは7〜8％台と見劣りする。JPモルガン・チェースのPBRは1.6倍（時価総額68.8兆円）、カナダロイヤル銀行は1.7倍（同20.0兆円）、オーストラリア・コモンウェルス銀行は2.6倍（同17.9兆円）と、三菱UFJフィナンシャル・グループ（MUFG）0.7倍（14.9兆円）、三井住友フィナンシャルグループ（SMFG）0.6倍（同9.2兆円）をしのぐ。

ヘルスケアでは、イーライリリーのPBRの51.4倍、ノボノルディスク（デンマーク）の29.2倍に対して、第一三共は4.4倍、武田薬品工業は0.9倍である。

## ■ 小括：東証改革は企業経営を変えつつある

東証改革は、財務戦略を中心に、企業経営に大きな影響を与えつつある。自社株買いや配当など株主還元の強化、政策保有株式の縮減を発表する企業が増えている。

2024年1月から、東証は、「資本コストや株価を意識した経営の実現」の要請に基づき開示している企業の一覧表の公表を開始した。2023年末時点で、プライム市場の49％（815社）、ス

第1章　注目される東証改革の成果　35

タンダード市場の19％（300社）が開示している（検討中を含む、以下同）[17]。PBR 1 倍未満かつ時価総額1,000億円以上のプライム市場上場会社では、78％が開示している。

　世界の常識では、証券取引所が「資本コストや株価を意識した経営の実現」を企業の経営者に要請することはない。経営者はこれらを実現するのが当然のことであり、取引所の要請で初めて動き出すということもないはずである。しかし、日本の経営者の現状を鑑み、これらは「やむをえない」と受け止めることが適当ではなかろうか。

　とはいえ、徐々に経営者の意識が変わり始めていることは事実である。とりわけ、資本コストや資本収益性などについて、経営者が注目することは「画期的」ともいえる。そこで、東証の開示強化の要請を高く評価したい。

　さまざまな批判を受けながらも、徐々に、東証改革は次第に多くの関係者の支持を集めているようにみえる。もちろん、東証の開示強化の要請だけで、日本の企業や株式市場が抜本的に変わることはありえない。同時に、ハイテク企業の国際競争力強化、スタートアップ企業の育成、規制緩和、政治改革、少子化対策など本質的な改革を進めることが必要であると考えられる。また、企業側では、次章で述べるように、資本コスト、資本収益性などを含むコーポレートファイナンスに対する理解を深めることが重要であると考えられる。

---

17　東京証券取引所上場部「「資本コストや株価を意識した経営の実現に向けた対応」に関する開示状況（2023年12月末時点）」（2024年 1 月15日）

# 第 2 章

企業価値向上のための
コーポレート
ファイナンス理論

# 企業価値創造のメカニズムと評価指標

## 株価上昇の基本メカニズム

　基本的に株価は、利益成長、金利、リスクの3要因によって説明が可能である。たとえば、ミクロ要因として、株価上昇のためには、企業の利益成長力を高め、かつ、利益成長の安定性を高めることが有効である。同じ利益成長率であるとしても、その安定性が高い場合、バリュエーションは高まる。

　ただし、ミクロ要因が一定であるとしても、マクロ要因次第で、株価は変動する。マクロ要因としては、景気がよくなったり、あるいは金利が低下したりすれば、株価にはプラスに働くことがある。一方で、大震災や戦乱などのリスク要因が発生すれば、株価にはマイナス要因である。

　マクロ要因は、影響を受けることは不可避であるものの、企業経営によってある程度管理できる。たとえば、地政学リスクでは、台湾の世界有数の半導体メーカーであるTSMCは、中国リスクを緩和する目的もあり、日本の熊本や米国に大規模な工場を建設しているとみられる。

　さらに、株主還元も重要である。PBRなどのバリュエーションとROEを高める最も簡便な方法の一つは、自社株買いである。一般論として、自社株買いを実施すれば、自己資本が減少するのでレバレッジが高まり、ROEは高まる。また、EPS算出に際し、発行済株式数から自己株式数が控除されるのでEPSが

高まり、株価上昇効果をもつ場合がある。ただし、自己資本は
減少するので、株価を一定とすれば、PBRは高まる。

第 2 章では、ミクロ要因を中心に企業価値向上のためのコー
ポレートファイナンスや財務戦略の理論を検討する。

## ■ 世界の会計制度の歴史と現状

企業価値の分析には財務データが不可欠だが、そのデータは
会計基準次第で大きく変わる。たとえば、利益の概念次第で、
ROEは大きく変わる。そこで、企業価値分析の議論の前に、
世界の会計制度の概要と歴史を紹介する。

現在の会計制度の基礎が築かれたのは15世紀のことである。
1494年に、イタリアの数学者ルカ・パチョーリが数学書で複式
簿記を紹介した[1]。簿記は財務諸表を作成するための帳簿の記
録や記録方法を指す。パチョーリは近代会計学の父と評され、
当時、イタリア商人が発展させてきた帳簿会計を体系化した。
それ以降、複式簿記の基本構造は500年以上経過しても変わっ
ていない。

単式簿記では現金収支（現金の流れ）のみ記録される。単式
簿記は現金収支を通じた一面的な簿記であり、資産・負債のス
トック情報を把握することができない。

複式簿記では取引の二面性（原因と結果）が示される。二者
間取引がそれぞれの帳簿に記録され、貸方・借方の仕分けなど
の会計業務を二者が個別に行う。複式簿記の場合、売上げや経

---

1　伊藤邦雄「会計学における秩序と変革」（一橋論叢第97巻第 4 号、
1987年 4 月）443〜458頁

費などフローの情報を記録するとともに、貸借対照表から会計年度末の資産・負債の残高や年度中の増減を把握・検証することができる。

20世紀に入って、会計制度は米国において本格的に発達、近代化した。1929年株価大暴落に際して、多くの会計不祥事が発覚したことを契機に、会計制度とその規制が整備された。1933年証券法、1934年証券取引所法によって、証券発行・取引にかかわる制度が確立した。

1938年から、AIA（米国会計士協会。現在の米国公認会計士協会AICPA）が会計基準を設定してきた。1973年に、民間の会計基準設定主体として、FASB（財務会計基準審議会）が設立された。財務諸表は、一般に認められたGAAP（会計原則）に基づいて作成する必要がある。主に、FASBの策定する基準、解釈指針、会計原則審議会（APB）の意見書などが該当する。SECは会計基準を設定する権限をもっているが、FASBに設定権限を委ねている。

FAF（財務会計協会）がFASBの運営財源を管理しており、財源は発行企業からの会計支援料でまかなわれている。会計支援料は、サーベンス・オクスリー法施行後、上場企業等から強制徴収となり、独立性が高まった。なお、日本の財務会計基準機構は上場企業が自主的に負担する。

米国では、外国企業にはIFRS（国際財務報告基準）適用は認めているが、米国企業には認めていない。2012年のSECスタッフレポートでは、IFRSの適用レベルは法域によってばらつきがあり、IFRSをそのまま適用することは市場から支持されな

いとしている[2]。ルール・ベースの米国基準と比較すると、プリンシプル・ベースのIFRSの基準開発は十分でなく、会計基準としての水準が高くないとも考えられる。

　金融規制や制度設計に関して、世界の最高意思決定機関はG20サミット（20カ国・地域首脳会合）であり、それがFSB（金融安定理事会）に対して制度設計について要請する。FSBは、IFRS財団などの各基準設定主体における作業を調整し、金融システムの安定に係る国際的な課題について議論する。FSBでは、金融システムの脆弱性への対応や金融システムの安定を担う当局間の協調の促進に向けた活動などが行われている。日本から、金融庁、日銀、財務省が参加している。

　IFRSの前身は、1973年に発足したIASC（国際会計基準委員会）である。2001年に、IASB（国際会計基準審議会）が発足しIFRSの改定と開発を行っている。

　大陸欧州では、会社法と資本市場法制の両方に、会計に関する法制度がある。金融サービスの単一化を目指し、欧州委員会は、1999年に、FSAP（金融サービス行動計画）を発表した。FSAPでは、計算規則、組織再編行為、コーポレートガバナンスなど、従来であれば、会社法の領域にある分野を、資本市場法制のなかで整備している。2005年に、EU（欧州連合）加盟国について、IFRSが連結決算について強制適用となった。

　現在、IFRS財団は、傘下のIASBを通じIFRSを開発する責

---

2　SEC, "Work Plan for the Consideration of Incorporating International Financial Reporting Standards into the Financial Reporting System for U.S. Issuers Final Staff Report", 2012

任を負っている。主要168カ国中147カ国が、IFRSを自国基準として採用している（2023年9月時点）。日本のように、自国基準を維持しつつ、IFRSの適用を認める国もある（12カ国）。2024年3月末現在で、270社の日本企業（東証上場）がIFRSを適用している。中国や米国のように、IFRSを採用せず、自国基準の適用を求める国（7カ国）もある。金融機関のみにIFRS適用を求めるイラク、実質的にIFRSと国内基準を収斂させているインドネシアもある。

## ▌ 世界の情報開示制度

米国では、証券の情報（継続）開示規制が規定されたのは、証券法、証券取引所法制定以降である。証券法により、連邦レベルの証券規制が初めて制定され、証券の発行市場が規制された。証券取引所法は、証券の流通市場が対象とされる。両法とSEC規則により情報開示制度が規定される。

フォーム10-K（年次報告書）は、日本の有価証券報告書に相当し、年度終了後90日以内に開示される。フォーム10-Q（四半期報告書）は、四半期終了後45日以内に開示が行われる。フォーム8-K（臨時報告書）は、買収、取締役の退任など特定の重要事項について4営業日以内に提出する。日本のような、決算短信はない。

EU加盟国の場合、会計指令と透明性指令に基づき、各国が開示法制度を整備する。2013年透明性指令改正により、四半期報告の義務化が廃止された。ただし、証券取引所規則として四半期開示を要求することは可能である。英国とフランスは、

2014年に任意化した。ドイツは、2015年に任意化したが、フランクフルト取引所のプライム市場上場企業は、四半期開示を義務づける。英国の場合、2006年会社法、FSMA（金融サービス・市場法）、FCA（金融行動監視機構。金融行為監督機構とも）ハンドブックが継続開示を規定する。

　日本は、会社法、金融商品取引法、取引所規則が開示制度を規定するが、取引所の役割が大きいことが特徴である。取引所規則では、決算短信、四半期決算短信、「コーポレート・ガバナンスに関する報告書」が開示される。

　近年の世界的な傾向として、財務情報は有価証券報告書（金融商品取引法）、事業報告（会社法）など法定開示が主体だが、非財務情報も法定開示が拡大している。

　以下、これらをふまえたうえで、企業価値創造と株価上昇のためのコーポレートファイナンス理論について検討する。

## ▌企業価値創造とは何か

　企業価値にはさまざまな定義があるが、「将来の企業の生み出すキャッシュ・フロー（CF）の合計を現在価値に割り引いたもの」が有力である。コラー、フーカート、ウェッセルズ（マッキンゼー）は、CFこそが企業価値の源泉であるとして、以下のような企業価値創造にかかわる原則を示す[3]。

---

3　マッキンゼー・アンド・カンパニー、ティム・コラー、マーク・フーカート、デイビッド・ウェッセルズ著『企業価値評価　第7版［上］バリュエーションの理論と実践』（ダイヤモンド社、2022年）33〜65頁

### 価値創造の基本原則

資本コストを上回る資本収益率と企業の売上高成長率によって、企業価値の創造が決まる。

### 企業価値不変の法則

企業の生むキャッシュ・フローが変わらなければ、企業価値は変わらない。

1890年に、経済学者であるアルフレッド・マーシャルは「資本収益率－資本コスト」の重要性を指摘した[4]。現在では、これは「投下資本利益率（ROIC、税引後営業利益／投下資本）－加重平均資本コスト（WACC）」と表されることが多い（詳細は後述）。

コラー、フーカート、ウェッセルズは、「企業のROICと売上高成長率の二つが、将来のキャッシュ・フローと利益を決める関数である。ROICが投資家にとっての機会費用である資本コストを上回った場合のみ、企業価値を創造する」とする。

ノーベル経済学賞受賞者であるモジリアニとミラーは、キャッシュ・フローが変わらなければ、企業価値は資本の構成には影響されないと述べた[5]。自社株買いなど会計的な手法はキャッシュ・フローを変えないため、企業価値に影響しない[6]。

---

4  Alfred Marshall, *Principles of Economics*, Vol. 1, New York: Macmillan, 1890, p. 142

5  Franco Modigliani and Merton H. Miller, "The Cost of Capital, Corporation Finance and the Theory of Investment", The American Economic Review Vol. 48, No. 3, June 1958, pp. 261-297

6  Vartika Gupta, David Kohn, Tim Koller and Werner Rehm, "Prime Numbers: The true value of share repurchases", McKinsey and Company, May 1, 2023

伊藤邦雄は、企業のファンダメンタル分析（財務分析）について、収益性、効率性、安全性、成長性の四つの側面でとらえ、これらを財務分析ピラミッドと呼ぶ[7]。これらのどれに重きを置くかは、目的によって異なる。たとえば、株式投資であれば、成長性、債券投資であれば安全性が重視されることがある。

## ▌財務分析とバリュエーション

企業価値評価（バリュエーション）は、企業の実質的な価値を算出するために重要である。たとえば、非上場企業であれば、証券取引所における株価が存在しないので、その企業を売買する際に、妥当株価を算出する必要がある。また、上場企業であっても、株価が実質価値よりも著しく割高や割安になる場合もある。

企業価値評価において、財務諸表の数値や市場データなどを用いて、さまざまな指標が算定される。企業価値の評価方法として、主に、以下の分類がある[8]。

ネットアセット（コスト）・アプローチ

財務諸表上の解散価値を基準として、企業を評価する。ただし、最終的な残余資産は、財務諸表上の解散価値を大きく下回ることがある。また、特許や著作権などの無形資産を評価することもむずかしい。

---

7　伊藤邦雄著『新・企業価値評価』（日本経済新聞社、2014年）98頁
8　日本公認会計士協会「企業価値評価ガイドライン」（経営研究調査会研究報告第32号、2013年7月3日）

### マーケット・アプローチ

　上場している同業他社や、類似会社（事業、取引事例）と比較することで相対的な価値を評価する方法である。市場株価法（例：株価による合併比率算定）、類似上場会社法（上場会社と非上場対象会社の財務数値比較から妥当株価算出）などがあげられる。

### インカム・アプローチ

　期待される利益やキャッシュ・フローに基づいて価値を評価する方法である。将来得られると期待される利益やキャッシュ・フローを現在価値に割り引くという手法が一般的である。企業価値評価において、企業が自由に使うことができるキャッシュとして、フリー・キャッシュ・フローが用いられる。

　　フリー・キャッシュ・フロー＝税引後営業利益（NOPAT）
　　＋減価償却費－設備投資－運転資本増加額

　　NOPAT＝支払利息控除前税引前利益（EBIT）
　　×（1－実効税率）

　上述の3手法のなかで、最も有力な手法がインカム・アプローチである。主な手法として、以下の三つがあげられる。

　割引キャッシュ・フロー（DCF）モデルは、株主と債権者に帰属する将来期待キャッシュ・フローの合計を現在価値に割り引いて算出される。DCFモデルによって企業価値が決まるのであれば、企業価値不変の法則が成り立つ。そして、自社株買

いによって、ROEを高めることはキャッシュ・フローに変化がないため、企業価値を高めないといえる。

　配当割引モデル（配当還元法）は、将来の配当を期待収益率で割り引いた現在価値から株価を算出する。利益還元法（収益還元法）は、会計上の純利益から推計される将来予想利益を、一定の割引率で割り引く手法である。調整現在価値法は、無負債事業価値（資金を全額自己資本で調達した場合の事業価値）の現在価値と、負債による節税効果（利息支払による税金の減少額）の現在価値を合計して算出される。

　残余利益モデルも、インカム・アプローチに属するが、株主資本コストを反映する点でこれらとは性格が異なる。

## ▌事業投資の決定における評価

　バリュエーションは、企業価値評価（企業全体）と事業価値評価（個々の事業）に分かれる。多角化された企業のバリュエーション手法として、サム・オブ・ザ・パーツがある。個々の事業部門を評価し、それらを合計すれば、企業全体の価値を算出することができる。

　個々のプロジェクト（新規事業）の投資決定の評価手法として、以下の手法があげられる。

　正味現在価値法（NPV法）

　将来キャッシュ・フローの現在価値が投資額より上回る場合、正味現在価値（NPV）がプラスであるとみなされる。この場合、資本コスト以上のリターンが得られるので、投資を行うべきという判断が下される。

### 内部収益率法（IRR法）

内部収益率（IRR）は、NPVがゼロとなる割引率である。つまり、その事業の損益分岐点を表す収益率である。IRRが資本コストを上回っていれば、プロジェクトの投資決定が適切であるとみなされる。

### 回収期間法

投資金額が何年で回収できるかを計算し、その期間を下回れば投資を実行する。

企業買収や設備投資などにおける主要な評価手法として、以下があげられる。

### EV/EBITDA

企業価値（EV）は株式の時価総額（発行済株式数×株価）と純負債（有利子負債−現預金等）の合計である。これを、償却支払利息控除前税引前利益（EBITDA）で除した指標である。買収に費やしたEVがEBITDAの何年分で回収できるかを示す指標である。

### トービンのq

ノーベル経済学賞受賞者ジェームズ・トービンが提唱したもので、EVを総資産で除して算出される。トービンのqが1を下回る場合、市場は過剰設備であると評価しており、設備投資を縮小すべきということになる。1を上回る場合は、過少設備であるとして、設備投資増加の判断材料となる。

## ■ 資本収益性を表す指標

東証が、上場企業に対して、資本収益性の指標を経営のなか

で議論することを求めている。東証が例としてあげる指標のなかでは、以下の2指標が有力である。

ROEは、純利益を自己資本（期首・期末の平均、他も同様）で除したものである。株主に帰属する会社の資本がどのくらいの利益を生んでいるかを示す。ROEの優位性と特徴は、①株主から預かった資金を企業がいかに有効に活用したかの成果がわかる、②株主を重視した指標である、③企業間比較が可能である、ことがあげられる。

ROEを上げるには、①利益率を上げる、②売上高を増やす、③財務レバレッジを上げる、という方法がある。デュポン分析によると、以下の3要因に分解できる。

ROE＝売上高純利益率（純利益／売上高）
×総資産回転率（売上高／総資産）×財務レバレッジ（総資産／自己資本）

投下資本利益率（ROIC）は、NOPATを投下資本の2期平均で除した指標である。ただし、分母に当期純利益、営業利益、EBITなどを用い、分子の投下資本に、株主資本と有利子負債の合計値のほか、運転資本と固定資産の合計値を使用する場合がある。

税引前ROIC＝売上高営業利益率（＝営業利益／売上高）
×投下資本回転率（売上高／投下資本）

これは、さらに、以下に分解できる。

第2章　企業価値向上のためのコーポレートファイナンス理論　49

売上高営業利益率 ＝ 1 － ｛原価率（＝売上原価／売上高）
＋販管費率（＝販管費／売上高）｝

投下資本回転率 ＝ 1 ／（運転資本回転日数
＋固定資本回転日数＋その他の資産回転日数）×365

　ROICは、投下資本に対してどれだけのリターン（NOPAT）
をもたらすかを示す指標である。投下資本の計算方法は、第一
に、有利子負債＋純資産（株主資本）である。負債ベースでみ
たものであり、債権者と株主から調達した資本を示す。第二
に、固定資産＋正味運転資本（流動資産－流動負債）である。
資産ベースでみたものであり、事業に投資されている資産を示
す。

　つまり、前者で調達した資金が後者に投資されるという考え
方である。よって、両者は、基本的には同額になることが想定
される。

　これを要因別に分解したものをROICツリーと呼ぶ。全社レ
ベルのROICに加えて、各事業部門・現場レベルの指標として
使用されることも多く、指標達成に向けた経営管理を行うこと
ができる。そのため、多角化された企業に有効であり、事業
ポートフォリオ管理に適している。ROICを分解して、企業業
績の要因分析を行う手法をバリュードライバー分析と呼ぶ。

　これら以外に、売上高利益率（ROS）、総資産利益率（ROA）
がある。

## ▌株主資本と自己資本の違い

ROEの計算は、会計基準や法制度によって異なる。米国基準やIFRSでは、自己資本という用語は使用しない。米国基準で日本の自己資本に相当するのが、株主資本であり、IFRSでは親会社の所有者に帰属する持分である。

株主資本（親会社の所有者に帰属する持分）
＝期末資本合計（純資産）－期末非支配持分

たとえば、トヨタ自動車（IFRS適用）の資本合計は35.2兆円であり、非支配持分1.0兆円を控除し、親会社の所有者に帰属する持分が34.2兆円である（2024年3月期）。

連結財務諸表の場合、日本基準の純資産の部（資産と負債の差額）には、株主資本と株主資本以外の項目（その他の包括利益累計額、株式引受権、新株予約権、非支配株主持分）の合計が表示され、そこから自己資本が算出される。最も狭義であるのが株主資本であり、自己資本、純資産の順に定義が広い。

株主資本＝資本金＋（新株式申込証拠金）＋資本剰余金
＋利益剰余金＋自己株式＋（自己株式申込証拠金）

株主資本は、株主に帰属する資本であり、資本金、資本剰余金および利益剰余金に区分する。資本金は、会社設立や新株発行で、株主が会社に払い込んだ金額となる。払込資本のうち、資本金に分類されないものは、資本準備金として、資本剰余金に分類される。

第2章　企業価値向上のためのコーポレートファイナンス理論　51

利益剰余金は、個別財務諸表の場合、利益準備金とその他利益剰余金（任意積立金、繰越利益剰余金）に分類される。連結財務諸表では、利益剰余金が一括表示される。さらに、株主資本には、自己株式が計上されるが、自己株式を取得した場合、控除要因となり、株主資本が減ることになる。ほかにも、自己株式申込証拠金、新株式申込証拠金が計上される。

　　自己資本＝株主資本＋その他の包括利益累計額（AOCI）

　　自己資本＝純資産合計－株式引受権－新株予約権
　　　　　　　－非支配株主持分

　株主資本にAOCIを加えたものを自己資本と呼ぶ。さらに、自己資本に新株予約権及び非支配株主持分を加えたものが純資産の合計額であり、包括利益に対応して増減する項目である。

　AOCIは、その他有価証券評価差額金、繰延ヘッジ損益、為替換算調整勘定、退職給付に係る調整累計額等が含まれる。個別財務諸表では、「評価・換算差額」と呼ばれる。円安、株高になると、AOCIは増え、円高、株安になると、AOCIは減ることが多い。

　非支配株主持分（従来の少数株主持分）は連結財務諸表作成会社（親会社）に帰属しない持分をいう。つまり、親会社以外の少数株主が保有する株式を指す。これは、親会社に帰属していないので、自己資本からは外される。新株予約権（転換社債、新株予約権付社債、ストック・オプション等）は、権利行使まで、資本か負債かの性格が確定していない。そのため、純資

産の部に計上される。保有者が権利を行使すれば、会社の株主資本（純資産）が増加する。

 ## 資本コストの算出方法

### 資本コストの重要性は高い

基本的に、資本コストは資本提供者（投資家）の期待収益率である。株主や債権者が投資家として求める最低限の投資収益率であり、これを上回る収益を経営者や会社に対して期待する。一般的に、株式のほうが投資家にとってリスクがあるので、投資家の要求リターンが高い。このため、株式のほうが負債と比較してコストが高い。

資本コストの概念はわかりやすいが、実際の計算は容易でない。とりわけ、株主資本コストの推計は多様であり、正確な推計は著しく困難である。以下、資本コストの計算にあたって重要な指標である。

**負債（資本）コスト**

市中金利やその会社の信用格付などによって算出される。一般的に、無リスク利子率（後述）に、信用リスクに応じた金利上乗せ分を加えたものである。負債コストは節税効果がある。

負債コスト＝無リスク利子率＋信用プレミアム

### 株主資本コスト

株主が拠出した資本を活用するコストである。投資家にとって、他の投資先に投資した場合に得られる投資収益率（機会費用）を上回るリターンを意味する。計算手法の詳細は後述する。

### 加重平均資本コスト（WACC）

株主資本コストと債権者が求める期待収益率（有利子負債コスト）の加重平均によって求められる。資本コストが最小化されるような負債と株主資本の構成比を最適資本構成と呼ぶ。

WACC＝負債調達比率×有利子負債コスト
　　×（1－法人税率）＋株式調達比率×株主資本コスト

## ■ 株主資本コストの概念

株主・投資家と企業間の株主コストに対する認識のギャップが存在する。そのため、株主資本コストには三面性があり、以下の概念が存在する[9]。

### 市場株主資本コスト

一時点の市場株価を織り込んだ株主資本コストをいう。その時点の株価や時価総額から逆算して、株主資本コストを計算するものである。このため、バリュエーション・モデルともいわれる。配当割引モデル、EBOモデル（後述）、株式益回りモデルが代表的な算定手法である。配当割引モデル、EBOモデル

---

9　宮永雅好「わが国の上場企業における株主資本コストの研究：株主と株式会社との関係における株主資本コストの意義と役割」（早稲田大学博士（学術）甲第3523号、2012年1月23日）

では、割引率に株主資本コストが用いられる。

**会計株主資本コスト**

財務諸表から算出され、株価や時価総額とは無関係に決定される。経営者側が、ROEの最低目標値を株主資本コストとして設定するケースが多い。たとえば、その企業の属する業種の平均ROEが10％なので、12％を目指す、といったものである。

**要求株主資本コスト**

株主資本コストを株主および投資家が要求する期待リターンととらえるものである。単純化した議論として、投資家が「投資利益率が5％であれば日本株に投資するに値するが、5％未満であれば投資するに値しない」と考えるのであれば、株主資本コストは5％ということになる。企業は、食品のように安定した業種もあれば、ハイテクや素材のように利益の変動が激しい会社もある。そのリスクの違いが、株主の求める資本コストの違いを生む。

## ■ 要求株主資本コストの推計方法

要求株主資本コストの推計方法として、主に、以下があげられる。

**資本資産評価モデル（CAPM）**

シャープ、リントナーが提唱した。株式期待収益率（株主資本コスト）は、次の算式で示される。

株主資本コスト＝無リスク利子率＋β
×市場のリスク・プレミアム

β（ベータ）は、対象企業の株価と市場全体に対する感応度である。βが1であれば、市場と対象企業の株価が同様に動くことを意味し、1より大きければ、対象企業の株価変動率のほうが大きいことになる。市場のリスク・プレミアムは、株式のリスク分に対して追加的に求めるリターンである。

## ビルディング・ブロック方式

無リスク利子率に、対象会社の株式に特有のさまざまなリスクを勘案して、リスク・プレミアムを積み上げる手法である。

株主資本コスト＝無リスク利子率＋リスク・プレミアム

## アンケート法

投資家の要求する期待リターンを直接尋ねる方法である。簡便法として使われる。伊藤レポート[10]では、グローバルな機関投資家が日本企業に期待する資本コストの平均が7％超との調査結果が示され、8％のROE水準が掲げられている。

CAPMやビルディング・ブロック方式においては、リスク・プレミアムの推計が大きな課題である。算出にあたって、将来の市場変動率や相関係数などを予想する必要があるのだが、正確な推計方法は確立されていない。そこで、過去の数値（例：過去10年間の平均値）で代用することが少なくない。しかし、過去と将来は、当然のことながら違うので、単なる参考にすぎない。

---

10　経済産業省「『持続的成長への競争力とインセンティブ〜企業と投資家の望ましい関係構築〜』プロジェクト（伊藤レポート）最終報告書」（2014年8月）

負債、株式ともに、資本コストの基礎となるのは、無リスク利子率（リスクフリー・レート）である。この場合の「無リスク」とは、①信用リスクがない、②金利変動リスクがない、③途中償還リスクがない、の条件を満たすものである。理論的には、短期国債の予想金利が無リスク利子率に近いが、実務的には、国債の長期利回りが用いられることが多い。ただし、ギリシャ国債がそうであるように、国債でも信用リスクがあるし、長期債であれば、金利変動リスクがある。

　グローバル企業の無リスク利子率の算定はむずかしい。一般に、海外の金利は日本より高い。無リスク利子率が高い分、海外の投資家が求める株主資本コストは高い場合がある。さらに、将来のドルの短期金利を予想するのも容易でない。

## ▌配当と自社株買いの基礎理論

　モジリアニとミラーが提唱した理論（MM理論）の一つに、配当無関連命題がある[11]。増配により、株主のインカムゲイン（配当）を増やしても、キャピタルゲイン（値上り益）の減少を通じて、両者の構成比が変わるのみで、株主が獲得する総合的な損益（企業価値）は変わらないとする理論である。資本コストが最小化される負債と株主資本の比率を最適資本構成と呼ぶが、MM理論では、最適資本構成が存在しない。

　ただし、市場は完全であり、税金、取引コスト、倒産リス

---

11　Merton H. Miller and Franco Modigliani, "Dividend Policy, Growth, and the Valuation of Shares", The Journal of Business, Vol. 34, No. 4 , October 1961, pp. 411-433

ク、情報の非対称性がないなどの前提が置かれている。結果として、これらは現実には当てはまらないので、最適資本構成は存在すると考えられる。

企業の自社株買いの動機に関して、エージェンシー仮説がある。Jensenは、株主還元の役割として内部留保を減らすことで、経営者は過剰投資ができず、企業価値を高めることができるという考え方を示す[12]。エージェンシー・コストとは、株主が代理人たる経営者に経営を任せることによって生じるコストである。たとえば、金が余っていると、経営者は無駄な投資をするので、株主還元によって保有現金を減らすというものである。

そのほかに、自社株買いを行う企業は企業の質が高いというシグナルを発するシグナリング仮説、成熟期にある企業は自社株買いを行う傾向にあるというライフサイクル仮説などがある[13]。

1956年に、リントナーが配当政策についてリントナー・モデルを提唱した[14]。一般に、企業業績の変動と配当の調整にはタイムラグがある。投資家が減配を嫌うため、経営者は、安定配

---

12　Michael C. Jensen, "Agency Costs of Free Cash Flow, Corporate Finance, and Takeovers", American Economic Review Vol. 76, No. 2, May 1986, pp. 323-329

13　鈴木健嗣著『日本のエクイティ・ファイナンス』（中央経済社、2017年）377〜404頁

14　John Lintner, "Distribution of Incomes of Corporations Among Dividends, Retained Earnings, and Taxes", The American Economic Review, Vol. 46, No. 2, Papers and Proceedings of the Sixty-eighth Annual Meeting of the American Economic Association, (May, 1956), pp. 97-113

当を好む。そのため、配当は下方硬直性があり、その結果、経営者は、安定して、配当を増加させるインセンティブが働く。

株主還元の額は企業の成長ステージによって異なる。一般に、成長期は株主還元が少ない（もしくは無配）。企業が成熟期に入るにつれ、自社株買い、次いで配当を始め、成熟期では配当が主体となる。自社株買いは、役員や従業員に付与されたストック・オプションの権利が行使されると株式数が増加するため、EPSの希薄化を避けるために行われることがある[15]。

## ■ 残余利益モデルの発達

残余利益モデルは、1990年代以降に発達した比較的新しい概念であり、オルソン・モデル、あるいはEBO（Edward-Bell-Ohlson）モデルと呼ばれる。残余利益モデルは、自己（株主）資本が生み出す残余利益（超過利益）から、企業価値を測定する。これは、各期の利益のうち、株主資本コストを上回る部分（残余利益）が株主価値の源泉であると考える[16]。

残余利益＝純利益−株主資本コスト（金額）

このモデルにおいて、株主価値は、簿価の株主資本と残余利

---

15 Kathleen M Kahle, "When a buyback isn't a buyback: open market repurchases and employee options", Journal of Financial Economics Vol. 63, Issue 2, 2002, pp.235-261. Daniel A. Bens, Venky Nagar, Douglas J. Skinner and M.H.Franco Wong, "Employee stock options, EPS dilution, and stock repurchases", Journal of Accounting and Economics Vol. 36, Issues 1-3, 2003, pp. 51-90

16 中嶋基晴、馬場直彦「低金利下における資本コストの動向〜EBOモデルに基づく観察〜」（日銀レビュー・シリーズ、2005年2月18日）

益の割引現在価値の合計であると考える。

　株主価値の残余利益は、純利益から正常利益（株主資本コスト×株主資本簿価）を控除したものである。つまり、株主資本コストを上回る純利益の部分を指す。単純化すれば、次のような算式となる（純利益が毎期一定で、配当性向100％の前提）[17]。

　　株主価値＝株主資本（簿価）＋（純利益－株主資本コスト
　　×株主資本簿価）÷株主資本コスト

　残余利益モデルの進化した形態の一つが、経済的付加価値（EVA®、スターン・スチュアートの登録商標）である。税引後営業利益が資本コストを上回っている場合、企業が価値を創出したと判断できる。メリットとして①資本コストを加味している、②すべての利害関係者の利益・バランスシートの視点を反映している、③価値が金額ベースで算出される、がある[18]。

　　EVA®＝税引後営業利益（NOPAT）－資本コスト（投下資
　　本×WACC）

　市場付加価値（MVA）は、企業の市場価値（時価総額）から、投下資本（または自己資本）を引いて算出され、市場価値の観点から、投下資本を上回る価値を創出しているかを測る指標である。EVA®はフローの概念であり、一方でMVAはストッ

---

17　櫻井久勝「残余利益モデルによる株式評価―非上場株式への適用をめぐって―」（税大論叢40周年記念論文集、2008年6月20日）171～200頁
18　伊藤邦雄著『新・企業価値評価』（日本経済新聞社、2014年）406～407頁

クの概念である。MVAはEVA®の現在価値の総額と等しくなる[19]。

MVA＝株式時価総額－投下資本（または株主資本）

 ## 日本では過度にROEが重視される

### 日本の企業と投資家はROEを重視する

KPIの代表例がROE、ROIC、EVA®、EBITDAなどであるが、「ROE 8 ％」など日本ではROEを重視する傾向にある。それが、過度に重視される場合が少なくない。

生命保険協会の2024年調査では、企業が重視している経営指標として、1位ROE（68.3%）、2位利益額・利益の伸び率（56.3%）、3位売上高・売上高の伸び率（51.8%）をあげる[20]。投資家側は、1位ROE（90.5%）、2位ROIC（64.3%）、3位資本コスト（50.0%）をあげている。つまり、両者ともROEを最も重視する。

両者の最も大きな違いは、資本コストに対する認識である。投資家の50.0%が重視するのに対して、企業は資本コストに対

---

19 齋藤正章「経営と会計―大塚会計学の射程―」（早稲田商学第434号、2013年1月）999～1010頁
20 生命保険協会「生命保険会社の資産運用を通じた「株式市場の活性化」と「持続可能な社会の実現」に向けた取組みについて」（2024年4月19日）

図表２－１　中期経営計画の指標（企業）と経営目標として重視すべき指標（投資家）のギャップ

| | 企業（％） | 投資家（％） | 投資家-企業（％） | | 企業（％） | 投資家（％） | 投資家-企業（％） |
|---|---|---|---|---|---|---|---|
| 資本コスト | 5.4 | 50.0 | 44.6 | 社会指標 | 40.0 | 38.1 | −1.9 |
| ROIC | 22.8 | 64.3 | 41.5 | 自己資本比率 | 19.2 | 15.5 | −3.7 |
| ROE | 68.3 | 90.5 | 22.2 | 環境指標 | 46.9 | 41.7 | −5.2 |
| FCF | 9.8 | 28.6 | 18.8 | ＤＥレシオ | 16.1 | 10.7 | −5.4 |
| 総還元性向 | 18.1 | 35.7 | 17.6 | 配当総額または１株当り配当額 | 13.4 | 3.6 | −9.8 |
| 経済的付加価値（EVA®） | 1.3 | 17.9 | 16.6 | 配当性向 | 38.8 | 26.2 | −12.6 |
| ROA | 10.7 | 22.6 | 11.9 | 売上高利益率 | 44.0 | 31.0 | −13.0 |
| 配当利回り | 1.3 | 7.1 | 5.8 | 利益額・利益の伸び率 | 56.3 | 34.9 | −21.4 |
| 株主資本配当率 | 9.8 | 14.3 | 4.5 | その他 | 25.2 | 3.6 | −21.6 |
| 市場占有率 | 4.0 | 8.3 | 4.3 | 売上高・売上高の伸び率 | 51.8 | 11.9 | −39.9 |

注：複数回答あり。
出所：生命保険協会「生命保険会社の資産運用を通じた「株式市場の活性化」と「持続可能な社会の実現」に向けた取組みについて」（2024年４月19日）

して5.4%と低い評価を与えている。ROICについても、投資家の64.3%に対して、企業は22.8%と低い。

企業は利益額・利益の伸び率を重視する（56.3%）。一方、投資家は34.9%と低い。利益の額とその成長率は株価に対して大きな影響を与えると考えられるが、投資家はそれらを重視しない。これは、理解しづらい現象である。

企業の投資の意思決定の判断基準として適切と思われる指標としては、投資家はROICが82.1%とトップにあげる。しかし、企業は40.3%と評価が低く、ROICの重要性が十分に理解されていないようである。

## ■ 欧米の高ROE企業は高レバレッジ

ROEがKPIとして不適当である理由は、企業価値とは直接関係なく、財務戦略（レバレッジ）によって操作が可能だからである。「高ROE企業＝高収益、高成長企業」というイメージがあるが、実際には、成長性が高くない高レバレッジ企業が多く含まれる。

2023年度先進国時価総額上位100社（金融除く）のなかで最もROEが高いのがブッキング・ホールディングス（ブッキングHD）であり、ROEは22,573.7%である。同条件の日本のROE１位がレーザーテックの50.8%であるので、たいへん大きな差がある。

高ROE上位企業は極端な高レバレッジである。ブッキングHDは2023年度平均株主資本比率が0.1%と著しく低いので、ROEは２万％を超えている。ブッキングHDは、過去10年間に

第2章　企業価値向上のためのコーポレートファイナンス理論　63

自社株買いを5.5兆円実施し、発行済株式数は34%減少した。無配であり、株主還元（自社株買いと配当の合計）はすべて自社株買いである（2024年度は配当実施）。その結果、株主資本は2021年度末の8,649億円から2023年度末には3,842億円の債務超過と、1.2兆円減少した。

　米国では、最高経営責任者（CEO）の報酬で、株式報酬の構成比が高まっている。これにより、株主とCEOの利害を一致させ、エージェンシー・コストを最小化することを試みている。フォーゲルCEOの2023年度の報酬は65億円だが、そのうち株式報酬は88%を占め、基本報酬は2%にすぎない。つまり、フォーゲルCEOは株主総合収益率（TSR）を高めるために自社株買いをしており、ROEを2万%超に高めることを目標にしていないと推察される。

　2位のホーム・デポはROE1,162.2%、株主資本比率は1.4%である。過去10年間累計の自社株買い10.6兆円、総還元性向（純利益に対する株主還元構成比）113.7%、株主還元に占める自社株買いの構成比58.7%である。4位のアムジェンはROE135.8%、株主資本比率6.4%である。

　高ROE企業は高収益企業というイメージが強いが、これに該当するのは株主資本比率が高いエヌビディアである。売上高純利益率は48.8%と高水準であると同時に、期末の株主資本比率も65.4%と高い。アップルは高収益企業（利益率25.3%）であり、かつ高レバレッジ企業（期末の株主資本比率17.6%）である。

　このように、財務レバレッジを引き上げることにより、

図表２－２　先進国の高ROE上位10社（時価総額上位100社対象、金融除く）

| 上位10社 | 国 | 時価総額（兆円） | ROE（％） | 株主資本比率（％） | 株価騰落率（過去10年、％） |
|---|---|---|---|---|---|
| 1　ブッキング・ホールディングス | 米国 | 17.3 | 22,573.7 | −11.3 | 205.2 |
| 2　ホーム・デポ | 米国 | 48.3 | 1,162.2 | 1.4 | 320.9 |
| 3　アップル | 米国 | 419.2 | 171.9 | 17.6 | 860.9 |
| 4　アムジェン | 米国 | 21.6 | 135.8 | 6.4 | 152.5 |
| 5　エヌビディア | 米国 | 171.2 | 91.5 | 65.4 | 12,265.0 |
| 6　ノボノルディスク | デンマーク | 65.3 | 88.1 | 33.9 | 602.3 |
| 7　ロッキードマーティン | 米国 | 15.7 | 86.0 | 13.0 | 204.9 |
| 8　ASMLホールディング | オランダ | 42.5 | 70.4 | 33.7 | 901.9 |
| 9　TJXカンパニーズ | 米国 | 15.0 | 65.5 | 24.5 | 194.4 |
| 10　ラム・リサーチ | 米国 | 14.5 | 62.3 | 43.7 | 1,338.5 |

注：時価総額、株価は2023年12月末時点、エヌビディア、TJXは2024年度、その他は2023年度決算。１ドル140円で換算。
出所：FactSet

ROEを高めるのは簡単である。そのため欧米では、金融機関を除き、経営指標としてROEを重視することはほとんどない。

## ■ 多額の自社株買いで株主資本がマイナスになる

　米国で優良企業の株主資本がマイナスになる例が少なくない。株主資本がマイナスの企業でも、キャッシュ・フローが確

**図表 2 - 3　米国株主資本マイナス額下位10社**

| 下位10社 | 株主資本 | 自社株買い累計額（10億円、5年） | 純利益累計額（10億円、5年） | 株価騰落率（5年） |
|---|---|---|---|---|
| 1　ボーイング | −2,413 | 371 | 810 | −19.2 |
| 2　ロウズ | −2,107 | 5,958 | 1,429 | 141.0 |
| 3　フィリップ・モリス・インターナショナル | −1,572 | 138 | 5,303 | 40.9 |
| 4　スターバックス | −1,119 | 2,369 | 1,470 | 49.1 |
| 5　ヤム・ブランズ | −1,100 | 545 | 419 | 42.1 |
| 6　アメリカン航空 | −728 | 183 | 31 | −57.2 |
| 7　SBAコミュニケーションズ | −724 | 342 | 171 | 56.7 |
| 8　オーチス・ワールドワイド | −689 | 333 | 232 | — |
| 9　マクドナルド | −659 | 1,915 | 2,794 | 67.0 |
| 10　オートゾーン | −609 | 2,012 | 0 | 208.4 |

注：株価は2023年12月末時点、 1 ドル140円で換算。ロウズは2024年 1 月
　　期、それ以外は2023年度決算、自社株買い金額はキャッシュ・フロー
　　計算書数値。
出所：FactSet

保できる限り、企業の存続には支障がない。

　東証の上場維持基準では純資産の額が正であることが求められる。NYSEの場合、債務超過の基準はない。ナスダックの場合、資本基準として1,000万ドル（グローバル・セレクト・マーケット、グローバル・マーケット）と250万ドル（キャピタル・マーケットの資本基準）の株主資本の維持がある。ただし、①資本基準、②時価総額基準、③総資産／売上基準（キャピタル・マーケットは純利益基準）のうち、いずれか一つを満たせばよい。

　S&P500構成企業のうち34社、米国時価総額上位100社のなかでは6社が債務超過である。債務超過の理由として、①株主資本を上回る損失または過去の累積損失（利益剰余金のマイナス、代表例はアメリカン航空）、②株主資本を上回る金額の自社株買いや過去の自社株買い（金庫株、ボーイング、フィリップ・モリス・インターナショナル、マクドナルド）、③株主還元による利益剰余金取崩しによって株主資本が減少（ロウズ、スターバックス）、がある。以下は、代表例である。

## マクドナルド

　2023年度末の株主資本は約6,589億円のマイナスである。金庫株は10.0兆円もあり、総資産7.9兆円を上回る。株主還元に熱心であることが知られ、2023年まで47年連続で増配である。2023年度の総還元性向は90％、株主還元は1.1兆円（配当6,346億円、自社株買い4,276億円、純利益1.2兆円）である。クリス・ケンプチンスキーCEOの役員報酬27億円のうち、株式報酬は9億円、ストック・オプションは9億円であり、両者で68％を

第2章　企業価値向上のためのコーポレートファイナンス理論　67

占める（2023年）。

**ロウズ**

株主資本は約2.1兆円（2024年1月期）のマイナスである。2023年度の株主還元は1.2兆円（配当3,543億円、自社株買い8,593億円、純利益1.1兆円）、総還元性向は112％である。マービン・エリソンCEOの報酬25億円のうち株式報酬は62％を占める（2023年）。

**スターバックス**

株主資本は約1.1兆円（2023年9月期）のマイナスである。株主還元は4,783億円（配当3,405億円、自社株買い1,378億円、純利益5,774億円）、配当性向は59％、総還元性向は83％である。ラクスマン・ナラシンハンCEO（2024年8月退任）の役員報酬20億円であり、そのうち株式報酬は14億円と66％を占める（2023年）。

## ■ 財務指標としてのROEの問題点

ヒギンズは、財務業績を測る指標として、ROEには、三つの重大な欠陥があるという[21]。

第一に、ROEは単年度の利益を示すにすぎないことである。分子の純利益は、単年度の業績評価である。たとえば、初期費用をかけ、新製品を発売した会計年度の業績が低下した場合、ROEは一時的に低下する。つまり、長期的な意思決定には適さない。

---

21 ロバート・C・ヒギンズ著『ファイナンシャル・マネジメント　改訂3版—企業財務の理論と実践』（ダイヤモンド社、2015年）67〜71頁

第二に、ROEはリスク要素を無視しており、かつ資本コストを考慮していないことである。

　第三に、ROEの分母である自己資本は簿価で表示されることである。米国の場合、株価はBPSの４倍前後で取引される（PBR４倍）。つまり、ROE20％といっても、それは簿価ベースであり、株主にとっては時価では５％にすぎない。

　ROEのRは特別損益（例：株式や不動産の売却益、固定資産売却損益、減損損失）を含むため、実態の利益を反映しないことがある。なお、IFRSでは、損益計算書で特別損益の計上は認められない（米国でも2015年に特別損益の概念削除）。たとえば、企業が土地を売って大きな利益が生じた場合、ROICには、反映されないが、ROEは直接的に反映する。

　ROEを上げる手法の一つとして、転換社債型新株予約権付社債（CB）の発行と、自社株買いを同時に行うリキャップCBがある。リキャップとは、資本構成の再構築を意味し、負債による資金調達と資本削減を組み合わせるものである。ゼロクーポン（利率がゼロ）が主流である。

　日本では、2008年にヤマダ電機が最初にリキャップCBを発行した（2014年に二度目の発行）。ただし、発行コストが高く、実態的には企業価値を上げるものではないので、投資家からは批判がある。発行会社にとって高コストであり、不必要な増資である場合が少なくない。これは、ROE重視の副作用ともいえる。

第２章　企業価値向上のためのコーポレートファイナンス理論　69

## ■ 世界的な企業のROIC

　高ROE企業は必ずしも高収益企業ではないが、基本的に、高ROIC企業は高収益企業である。KPIとしてのROICは、ROEと比較して、多くの優位性がある。

　ROICのROEとの違いは、第一に、分子が純利益ではなく営業利益である。NOPATには、特別損益や金融収支は含まれない。このため、相対的に企業の本業の稼ぐ力を表しやすい。

　第二に、分母が自己資本ではなく投下資本である。ROICの分母は、有利子負債か自己資本かという投下資本の構成比を問わない。財務レバレッジを高めると、財務リスクは高まる。しかし、財務レバレッジを高めても、ROICは高まらない。

　直近年度の先進国時価総額上位100社のROICの中央値は18.6％である（2023年末、金融除く）。同じく、ROEは26.1％であり、7.5ポイント高い。先進国企業の時価総額上位10社（金融除く）をみると、すべてROICよりもROEの水準が高い。ROICとROEの差が最も大きいアップルの場合、財務レバレッジは5.7倍と高いことが原因である。

　高レバレッジ企業は常識を超えるほどの高ROEである場合があるが、これらのROICは常識的な水準となっている。たとえば、ブッキングHDのROEは22,573.7％だが、ROICは35.8％である。ロウズは3期連続債務超過のためROEは算出できないが、ROICは38.1％である。エヌビディアは、高ROEでかつ高ROICである。

　日本の時価総額上位100社のROEの中央値は11.0％と、

図表２－４　先進国時価総額上位10社のROIC（2023年度）

| 上位10 | 国 | ROE（％） | ROIC（％） | ROE-ROIC（ppt） |
|---|---|---|---|---|
| 1　アップル | 米国 | 171.9 | 59.3 | 112.7 |
| 2　マイクロソフト | 米国 | 38.8 | 27.8 | 11.0 |
| 3　アルファベット | 米国 | 27.4 | 24.5 | 2.8 |
| 4　アマゾン・ドット・コム | 米国 | 17.5 | 9.6 | 7.9 |
| 5　エヌビディア | 米国 | 91.5 | 74.5 | 17.0 |
| 6　メタ・プラットフォームズ | 米国 | 28.0 | 22.6 | 5.4 |
| 7　テスラ | 米国 | 27.9 | 18.7 | 9.2 |
| 8　イーライリリー | 米国 | 48.9 | 20.7 | 28.3 |
| 9　ブロードコム | 米国 | 60.3 | 31.2 | 29.1 |
| 10　ユナイテッドヘルス・グループ | 米国 | 26.9 | 17.9 | 9.0 |

注：2023年末時価総額（金融除く）。
出所：FactSet

ROICの7.7％を3.3ポイント上回る（2023年末、金融除く、2023年度）。時価総額上位100社中（金融除く）ROEが最も高いのはレーザーテックの50.8％である。次いで、ディスコの22.3％、関西電力の21.8％である。レーザーテックのROICは49.6％とROEと同水準である。売上高純利益率は30.2％と高い。

　上位10社に、米国のように極端な財務レバレッジの企業はない。自己資本比率が高いキーエンス（94.7％）、信越化学工業

第２章　企業価値向上のためのコーポレートファイナンス理論　71

図表 2 － 5　日本の時価総額上位10社のROIC（2023年度）

| 上位10社 | ROE（%） | ROIC（%） | ROE-ROIC（ppt） |
|---|---|---|---|
| 1　トヨタ自動車 | 15.8 | 7.7 | 8.1 |
| 2　ソニーG | 13.7 | 10.4 | 3.3 |
| 3　NTT | 13.9 | 7.8 | 6.1 |
| 4　キーエンス | 14.0 | 13.3 | 0.6 |
| 5　信越化学工業 | 12.8 | 12.1 | 0.7 |
| 6　東京エレクトロン | 21.7 | 20.5 | 1.2 |
| 7　ファーストリテイリング | 17.5 | 12.0 | 5.5 |
| 8　KDDI | 12.3 | 9.5 | 2.8 |
| 9　リクルートホールディングス | 19.5 | 16.8 | 2.7 |
| 10　三菱商事 | 11.3 | 4.2 | 7.0 |

注：2023年末時価総額（金融除く）。
出所：FactSet

（82.7%）、東京エレクトロン（71.1%）はROEとROICはおおむね同水準である。上位10社では、トヨタ自動車の差が最大である。

## ■ 小括：KPIとしてROICがより適切

　ROEは、入手しやすい公開情報のみで算出できるため、シンプルで、使い勝手がいい。しかも、株主は、「会社は株主のもの」と考えることが多いため、株主の保有する資本に対してどの程度の収益を生むか、という概念は好ましく聞こえる。

「ROE８％」やISSの議決権行使ROE５％基準が、比較的短時間で、投資家や企業に浸透したのは、こうした理由が大きいと思われる。ただし、十分に理解すべきであるのは、簡便法にすぎないROEは世界の経営指標においては必ずしも重視されていないことである。

日本では、エクイティ・スプレッドという言葉が使われることがある。これは、ROEから株主資本コスト（COE）を差し引いたものであり、「残余利益モデルによる企業価値創造のKPIである」という見解がある[22]。同様に、「投資家からみて、エクイティ・スプレッドがプラスであれば価値創造企業、マイナスであれば価値破壊企業とみなされる」という。

しかし、エクイティ・スプレッドは和製英語であって、欧米で広く使われるものではない。前述のように、ROEがKPIとして不適切である以上、必然的に、エクイティ・スプレッドも企業経営の指標としては適当でない。

株主資本コストの定義はさまざまであるが、一般に、それは株主の期待リターンであると考えられる。そうであれば、エクイティ・スプレッドに対応するのはTSRである。投資家は、経営者に対してROEを高めることを求めているのではなく、TSRの向上を求めていると考えられる。

前述のように、自社株買いなどの会計上の手法ではROEは上昇するものの、キャッシュ・フローに変化がないので、企業価値は変わらない（企業価値不変の法則）。また、資本収益率が

---

22　柳良平「Equity Spreadの開示と対話の提言」（企業会計第65巻第１号、2013年）86〜93頁

資本コストを生むことが価値を生む（価値創造の基本原則）。結論として、ROEの効用は限定的であって、ROICなどの資本収益率がKPIとしてより適切であると考える。

　ただし、日本においてROIC経営において成功している例は少ない。「逆ROIC経営」を打ち出した企業もあったが、中長期的な業績は芳しくない。ROICを分解して、細かい目標を現場に浸透させたのはいいが、目先の数字を過度に重視すると、全体として企業のダイナミズムにとってマイナスになる場合がある。次章で述べるように、企業のビジョンやパーパスなどの長期的な視点を固めることと、短期的な計数の目標をバランスすることが重要であると考える。

第 3 章

# 魅力ある
# エクイティストーリーで
# 株価は上がる

## 経営戦略論の視点からの模倣困難性

### ■ エクイティストーリーの構成要因

　株価上昇には、バリュエーションの上昇が重要である。そして、バリュエーション上昇には、短期的に、株主還元、中長期的に、エクイティストーリーが有効である場合がある。

　経済産業省によると、エクイティストーリーとは「投資家に向けて会社の特徴・成長戦略・企業価値の増大の道筋についての説明をするストーリー」である[1]。これは新規株式公開（IPO）などの資金調達において重視される。マッキンゼーによると、米国のIPOにおいて重視される要素は、1位が経営陣のトラックレコード、2位が戦略やオペレーション上の計画、3位が競争相手との戦略的なポジショニングなどである[2]。米国では、連続してIPOを経験した起業家が多いので、経営陣のトラックレコードが最も重視される。筆者が定義するエクイティストーリーとは、これらとはやや異なり、資金調達時のみならず、上場後のその会社の株価と利益を成長させる長期的なシナリオである。

　楠木は『ストーリーとしての競争戦略──優れた戦略の条件』

---

1　経済産業省「スタートアップの成長に向けたファイナンスに関するガイダンス」（2022年4月）
2　Hannes Herrmann, Jamie Koenig, Anna Mattsson, and Marc Silberstein, "The equity story you need for the long-term investors you want", McKinsey Quarterly, February 22, 2024

のなかで、「大きな成功を収め、その成功を持続している企業は、戦略が流れと動きを持ったストーリーとして組み立てられているという点で共通しています。戦略とは、必要に迫られて、難しい顔をしながら仕方なくつくらされるものではなく、誰かに話したくてたまらなくなるような、面白いストーリーであるべきです」と述べている[3]。これは、筆者の定義するエクイティストーリーに近い概念である。

エクイティストーリーは、主に、「実現可能で緻密な経営戦略」と「ワクワクする夢」によって構成される。自明のことだが、会社の経営には緻密な経営戦略が必要である。日本では、中期経営計画など経営計画を作成することは熱心であるといえる。しかし、緻密な経営戦略だけで、投資家に会社の魅力を訴えることは容易でない。そこで、投資家をワクワクさせる夢が必要であると考える。たとえば、生成AI用の半導体世界トップのエヌビディアは、投資家をワクワクさせる夢があるため、バリュエーションが高い。

エクイティストーリーの中核は、その企業の模倣困難性である。本章では、利益の根源となる模倣困難性を分析したうえで、緻密な経営戦略としての中期経営計画、そして企業のDNAから由来する「ワクワクする夢」を検討する。

## ▌企業戦略論と事業戦略論

英語の "Strategy（戦略）" は、古代ギリシャの軍事用語で

---

3　楠木建著『ストーリーとしての競争戦略—優れた戦略の条件』（東洋経済新報社、2010年）まえがきⅶ頁

ある"Strategos（軍事上の指導職）"に由来し、軍事戦略として発展した。戦略の概念が経営学に応用されたのは、1960年代である[4]。

　経営戦略の定義は、論者によって多様でありあいまいである。経営史研究者であるアルフレッド・チャンドラーが、1962年の『経営戦略と組織』で戦略の概念を経営学に初めて適用した[5]。「組織は戦略に従う」という著名な命題を提示した。これによると、戦略とは、企業の基本的な長期目的を決定し、それを実現するための道筋を決め、資源配分を行うことである。

　1965年に、イゴール・アンゾフが発表した『企業戦略論』は、当時の経営戦略論の集大成とされる[6]。アンゾフの成長マトリックス論はポジショニング理論の起源とされる。

　1970年代は、ボストンコンサルティンググループ（BCG）が開発したプロダクトポートフォリオマネジメント（PPM）が企業戦略として浸透した。PPMにおいては、戦略事業部門別に、育成、保持、収穫、撤退の四つの基本戦略を提唱している。

　1980年代に、経営戦略論では、マイケル・ポーターの提唱する『競争の戦略』などのポジショニング理論が優勢となった[7]。これは、「業界内において有利になるために、自社をどのようにポジショニングするか」を重視するものである。ポー

---

4　韓金江「経営戦略の体系に関する一考察」（岐阜協立大学論集第55巻3号、2022年）75〜91頁

5　Alfred D. Chandler Jr., *Strategy and Structure: Chapters in the History of the American Industrial Enterprise*, The MIT Press, 1962

6　H. Igor Ansoff, *Corporate Strategy*, McGraw-Hill Incl, 1965

7　M.E.ポーター著『競争の戦略』（ダイヤモンド社、1995年）

ターは、戦略について、何をやり、何をやらないのかを選択するトレード・オフを重視する。

　現在では、産業内競争でもある「外部環境要因」を重視する事業戦略論と、個別企業の「内部資源要因」をより重視する企業戦略論が有力である。

## ▌企業の内部資源に着目する学派

　「内部資源要因」をより重視する企業戦略論については、古くは1959年のエディス・ペンローズによる企業成長の理論に源流があり、1984年のビンガー・ワーナーフェルトやリチャード・ルメルトの研究を経て、1991年にジェイ・バーニーがより体系化した理論を発表した[8]。1990年代には、経営戦略論の議論の中心は、企業のケイパビリティやコア・コンピタンスなどに移行していった[9]。企業の内部資源に着目する学派は、以下に大別できる。

　リソース・ベースト・ビュー（RBV）

　バーニーは、持続的競争優位性を生み出すケイパビリティの条件として、以下のVRIOを示している[10]。VRIOは、①Value

---

8　Edith Penrose, The Theory of the Growth of the Firm, Oxford University Press, 1959, Birger Wernerfelt, "A Resource-Based View of the Firm", Strategic Management Journal, Vol. 5, No. 2, 1984, pp. 171-180., Richard P Rumelt, "Towards a Strategic Theory of the Firm", Competitive Strategic Management, Vol. 26, Issue 3, 1984, pp. 556-570

9　森本博行「戦略とは競争力や独自性の基盤となる価値創造システムである　シンシア・モンゴメリー ハーバード・ビジネス・スクール教授」（Harvard Business Reviewウェブサイト、2018年９月10日）

10　ジェイ・B・バーニー著『企業戦略論［上］基本編　競争優位の構築と持続』（ダイヤモンド社、2003年）250頁

（経済価値）、②Rarity（希少性）、③Inimitability（模倣困難性）、④Organization（戦略実行にふさわしい組織）で構成される。バーニーは、そのなかでも模倣困難性に注目しており、その条件として①歴史的経緯、経路依存性、②因果関係不明性、③社会的複雑性、④代替困難性、をあげている[11]。

　ただし、内部資源重視派は『競争の戦略』と比較すると、体系化、洗練化されているとは言いがたい。たとえば、必ずしもRBVの概念は定まっておらず、バーニーは、模倣困難性の形成過程を明らかにしていない[12]。

## コア・コンピタンス

　1990年に、ゲーリー・ハメル、C.K.プラハラードらは「顧客に価値を提供する根源的な競争力の源泉」という概念を提唱した[13]。

## ケイパビリティ

　1992年に、BCGのジョージ・ストーク、フィリップ・エバンス、ローレンス・シュルマンが、ケイパビリティ（組織的な能力）をベースにした競争に関する論文を発表した[14]。ストークらは、「コア・コンピタンスがバリューチェーン上における

---

11　Jay Barney, "Firm Resources and Sustained Competitive Advantage", Journal of Management, Vol. 17, Issue 1, 1991, pp. 99-120

12　延岡健太郎「組織能力の積み重ね：模倣されない技術力とは」（組織化学第40巻第4号、2007年）4〜14頁

13　C. K. Prahalad and Gary Hamel, "The Core Competence of the Corporation", Harvard Business Review Vol. 68, Issue 3, May-June 1990, pp. 79-90

14　George Stalk, Jr. Philip Evans, and Lawrence E. Shulman, "Competing on Capabilities: The New Rules of Corporate Strategy", Harvard Business Review Vol.70. Issue 2, March-April 1992, pp. 57-69

特定の技術や製造能力を重視するのに対し、ケイパビリティは
バリューチェーン全体を包摂するより広範なものである」と区
別する。

　ビジョン（あるいは企業理念、企業文化）を組織全体に浸透さ
せることにより、内部資源を生かしたコア・コンピタンスが形
成される。コア・コンピタンスを維持、発展させる具体的な能
力がケイパビリティであると考えられる。

## ■ パーパス、バリュー、ミッション、ビジョンの違い

　企業のDNAを構成する要因の一つとして、企業理念がある。
これを具現化したものが、パーパス、バリュー、ミッション、
ビジョン、である。ミッション・ビジョン・バリューをまとめ
てMVVと呼ぶ。ミッションは、組織（企業）の使命や存在意
義など基本的な価値観を示す[15]。ビジョンは、組織が目指す理
想の状態であり、経営・事業目標である。バリューは、組織の
構成員が共有する価値観で、行動規範である。

　MVVの類似概念として、経営理念、経営哲学、綱領、社
是、ミッション・ステートメント、XXフィロソフィー、XX
ウェイなどがある。歴史のある企業は、創業者の理念哲学など
を、現在の企業理念に生かしている例が多い。

---

15　佐宗邦威「組織の「存在意義」をデザインする」DIAMONDハーバー
　ド・ビジネス・レビュー編集部編『PURPOSEパーパス　会社は何のた
　めに存在するのか　あなたはなぜそこで働くのか』（ダイヤモンド社、
　2021年）31〜63頁

米国では、中期経営計画がないかわりに、長期的な理念を重視する企業が多い。長期的な理念や会社の存在意義などを掲げ、それを目指して1年ごとに数値目標を策定する。それを積み重ねることによって、企業を発展、進化させるのである。これは、「バジェット（予算）」と呼ばれ、経営者や社員が必ず達成すべき目標値となる。これらを達成できないと、報酬や昇進、雇用などに大きな影響を与える。

MVVとして最も代表的な例はジョンソン・エンド・ジョンソンのOur Credo（我が信条）である。これは、1943年に、三代目社長ロバート・ウッド・ジョンソンJrが起草した経営理念である。顧客、社員、地域社会、株主などのステークホルダーに対して果たすべき企業理念・倫理規定として事業運営の中核となっている。

パーパスは「会社の存在意義」を示しており、ミッションの一つと解釈される。ミッションの語源はラテン語で「送る」などを意味する"mittere"である。キリスト教において「神の言葉を送り届けよ」と解釈される。そして、「伝道」を意味するようになり、「使命、任務」の意味でも用いられるようになった。

一方、パーパスは、ラテン語の「前に（pur）」「置く（pose）」こと、すなわち前進する目的を意味する。ミッションはほかから与えられるものであるが、パーパスは自ら存在意義を示すものである。日本では、名和高司が「錬金術の破綻」「還元主義の破綻」といった資本主義の限界を指摘し、パーパスを基軸とした志本主義（パーパシズム）に基づくべきであると主張す

る[16]。カネやモノといったみえる資産ではなく、志（パーパ
ス）というみえない資産を資本経営の源泉ととらえる。

これらの重要性は高いが、なかでも、エクイティストーリー
をつくるにはパーパスが有効である。「その会社は何のために
この世に存在しているのか」という問いに対して一言で答えら
れるとすれば、それがパーパスといえるかもしれない。

パーパスに関連するのが、CSV（creating shared value）であ
る。CSVとは、共通価値の創造であり、社会的価値（社会的課
題の解決）と経済的価値（利益の獲得）を両立させることを指
す。つまり、企業は利益と社会貢献を両立すべきということで
もある。たとえば、ノボノルディスクのパーパスは、「糖尿病
で培った知識や経験を基に、変革を推進し深刻な慢性疾患を克
服すること」である。1923年の創業以来、糖尿病や肥満症の分
野で急成長しており、パーパスと利益の両立を図っている。

マイケル・ポーターは、CSR（企業の社会的責任）にかわっ
て、CSVを指針とするよう提唱している[17]。ポーターは、「従
来のCSR活動は寄付やフィランソロピーを中心とする」と狭い
分野で定義している。「CSRは社会に何の影響ももたらさな
い」とまで断定している[18]。ただし、それはポーターの定義で
あって、一般には、CSRは、コンプライアンスの重視、社会と

---

16　名和高司著『パーパス経営：30年先の視点から現在を捉える』（東洋
経済新報社、2021年）

17　Michael E. Porter and Mark R. Kramer, "Creating Shared Value",
Harvard Business Review, January 2011、マイケル E. ポーター、マー
ク R. クラマー「経済的価値と社会的価値を同時実現する　共通値の
戦略」（DIAMONDハーバード・ビジネスレビュー、2011年6月号）

第3章　魅力あるエクイティストーリーで株価は上がる　83

の協調、納税や雇用なども含む。

　長期的に大きな利益をあげている会社のなかで、社会に貢献していない会社はない。社会に貢献するためには、利益をあげて税金をしっかり払うことが重要である。寄付をしなくても、税金を払えば、それは社会保障や教育などに使われる。大企業が、経済的価値と社会的価値の両方を創造するのは当然であり、CSVは新しい理論とはいえない。

##  エクイティストーリーにおける中期経営計画の重要性

### 中期経営計画は松下幸之助が始めた

　緻密な経営戦略の代表格は、中期経営計画である。一般的には、3年から5年の期間を対象とし、事業戦略や具体的な数値目標が盛り込まれる。近年では、投資家とのコミュニケーションのツールとして重要視される側面がある。

　中期経営計画は、企業内部のマネジメントコントロール・システム（MCS）に先立つプロセス、もしくは、その構成要素として策定される[19]。MCSとは、組織における計画と統制（コン

---

18　中野目純一、広野彩子「CSRの呪縛から脱却し、「社会と共有できる価値」の創出をマイケル・ポーター米ハーバード大学教授が提示する新たな枠組み」（日経ビジネスオンラインコラム「復興の経営学　ここから始まる企業再創造」2011年5月19日）
19　成岡浩一「中期経営計画における財務目標」（専修商学論集第108号、2019年）47～61頁

トロール）活動の実態を説明するために、管理会計や企業戦略論の分野を中心に発展してきた概念である[20]。管理会計学の観点から、ロバート・アンソニーが経営計画をMCSの初期ステップとして位置づけた[21]。

　経済産業省の価値協創ガイダンス2.0によると、中期経営戦略は、長期戦略を具体化・実現する実行戦略ととらえる[22]。企業は自らの財政状態・経営成績を分析・評価し、長期戦略の具体化に向けた戦略を策定・実行すべきとする。また、戦略を実行した結果（成果）と重要な成果指標（KPI）を盛り込むことも重要であるとする。

　経営計画の歴史は、戦後の経済復興期にさかのぼる。1956年に、松下電器産業（現パナソニックホールディングス）の松下幸之助社長が経営方針発表会で5カ年計画を発表した[23]。5年という期間は、鳩山一郎内閣の経済自立5カ年計画、池田勇人内閣の国民所得倍増計画など、当時の経済計画が5カ年計画であったので、それにあわせたものである。

---

20　中川亮平「従業員による中期経営計画策定の両義性：マネジメントコントロールか否か」（経営研究第72巻第2号、2021年）135〜152頁

21　Anthony, R. N. 1965. *Planning and control systems: A framework for analysis.* Division of Research, Graduate School of Business Administration, Harvard University., Anthony, R. N. and V. Govindarajan. 2007. Management Control Systems. 12th edition. New York:McGraw-Hill/Irwin

22　経済産業省「価値協創のための統合的開示・対話ガイダンス2.0（価値協創ガイダンス2.0）—サステナビリティ・トランスフォーメーション（SX）実現のための価値創造ストーリーの協創—」（2017年5月29日策定、2022年8月30日改訂）

23　パナソニックホールディングスウェブサイト〈企業情報／歴史／松下幸之助の生涯／97.「5カ年計画」を発表　1956年（昭和31年）〉

第3章　魅力あるエクイティストーリーで株価は上がる　85

これは、1955年から5年間で売上高を年220億円から800億円、従業員を11,000人から18,000人、資本金を30億円から100億円にするというものであった。結果として、1960年に、売上高1,054億円、従業員28,000人、資本金150億円となって、計画を大きく上回った。

1970年代から1980年代頃の安定経済成長期に入った日本では、企業が中期経営計画を積極的に導入するようになった。二度にわたる石油危機、変動相場制移行に起因する景気変動の影響で、1970年代後半から、3年から5年を期間とする中期経営計画が増え始めた。2000年代前半以降、対外的に公表する企業が増え、2000年代半ばにはアクティビストの登場により、投資家とのコミュニケーション手段として重視されるようになった。

欧米で中期経営計画を導入している企業はほとんどない。ただし、日本のものほど緻密ではないが、それに近い経営計画はある。ウォルマートや3Mなどが公表する中期財務計画がその例である。

## ■ 定着した中期経営計画

中期経営計画は3年間が全体の82%を占め、次いで5年間が14%である[24]。上場企業約3,800社のうち開示している企業は1,945社と約半数を占める（2022年11月時点、ククレブ総合研究

---

24　中條祐介「中期経営計画の策定・開示に関するサーベイ・リサーチ」（横浜市立大学論叢社会科学系列Vol.63、No.1、2、3合併号、2012年）83〜119頁

所）。プライム上場企業の70％、スタンダード36％、グロース26％が、日経平均構成企業（225社）の81％が公表している（日経平均のみ2020年11月時点）。

実証研究によると、これらのうち財務目標数の平均は4.61個（営業利益、売上高、ROEの順に多い）であった[25]。財務目標の達成割合は51％であり、営業利益は43％、売上高は34％、ROEは50％と、あまり達成されていない。

時価総額上位20社のうち中期経営計画を策定・公表しているのは12社である。計画期間は、12社中10社が3年間、2社が5年間である。中期経営計画を巧みに使う代表的な企業がソニーGと日立製作所である。2010年以降、KPIを3年ごとに進化させ、リーダーがその実現にコミットしてきた。

ソニーGは、第四次中期経営計画（2021年）では、KPIとして、3年間累計の調整後EBITDAを用いた。第五次中期経営計画（2024年）においては、利益ベースの成長をより重視し、金融分野を除く連結ベースの営業利益の成長率および営業利益率をグループKPIとしている。

日立製作所は、「2024中期経営計画」において、データとテクノロジーでサステナブルな社会を実現して人々の幸せを支えることを目指す。KPIとして、売上収益年成長率（2021年度～2024年度CAGR）、調整EBITA率、EPS、コアFCF（3年間累計）、ROICを用いている。

---

**25** 吉田栄介、藤田志保、岩澤佳太「中期経営計画の特性と目標達成：日経225企業を対象として」（三田商学研究第64巻第4号、2021年）59～75頁

中期経営計画の策定目的としては、主に、会社の目指す目標設定、投資家に対する説明、従業員に対する説明、経営陣のコミット表明があげられる。多くのステークホルダー（投資家、株主、消費者、従業員、サプライヤー等）に向けられたものである。

　メリットとして、社内外に計画や会社の方針を浸透させることができる。計画の策定を通じて、社員全員が中期の目標を認識・共有することが可能になり、各部門で、中期経営計画に基づいた事業戦略の推進、経営資源配分の策定などで活用される。

　一方、以下のような問題点がある。

　第一に、3年先の経済やマーケットの状況など、予想しようもない。マクロ経済の前提が当たらないのであれば、計画の数値目標に意味がない場合が多い。

　第二に、コストである。1年先も読めない時代に、経営企画部は3年先を予想して計画をつくらねばならない。多くの部署との調整が必要であり、労力と時間を消費する。

　第三に、経営目標やKPIは経営者のコミットメントではなく、目安にすぎない。目標が達成できないので辞任した経営者はあまりいない。ただし、近年、コーポレートガバナンス・コード（CGコード）の影響で、目標が達成しなかった場合、その要因を分析し、株主に対する説明が求められるようになっている（補充原則4-1②）。

図表3－1　中期経営計画を作成・公表していない企業時価総額上位10社

| 上位10社 | 時価総額<br>（兆円） | 株価騰落率<br>（過去5年、％） |
|---|---|---|
| 1　トヨタ自動車 | 41.0 | 96.4 |
| 2　キーエンス | 15.1 | 122.8 |
| 3　信越化学工業 | 11.7 | 238.6 |
| 4　ファーストリテイリング | 11.3 | 89.5 |
| 5　リクルートホールディングス | 9.9 | 120.2 |
| 6　任天堂 | 9.0 | 137.2 |
| 7　中外製薬 | 8.9 | 149.9 |
| 8　ソフトバンクG | 8.9 | 64.9 |
| 9　SMC | 5.0 | 124.7 |
| 10　ファナック | 4.2 | 24.6 |

注：2023年末時点で、中期（経営）計画を策定しているが、公表していない企業は除外。
出所：FactSet

## ■ 中期経営計画のない企業の株価は上がる

　日本でも、中期経営計画を公表しない企業が増えている。2023年末時点で、時価総額上位20社中8社が中期経営計画を公表していない。中期経営計画を作成・公表していない企業は信越化学工業を筆頭に株価が大きく上昇している企業が多い（過去5年間のTOPIX上昇率は58.4％）。

　成長力の高い非公表企業の共通点は、オーナー企業が多く、

経営のリーダーシップが強力なことである。計画を策定しなくても、企業は社長やCEOのメッセージを通じて、株主など重要なステークホルダーに経営に対する考え方を示すことができる。さらに、これらの企業は明確な企業理念をもつ。

　中期経営計画を廃止する企業も増えている。2021年に、中外製薬は中期経営計画を廃止し、2030年に向けた長期戦略成長を策定している。なお、ホンダは長期戦略の「2030年ビジョン」を定め、事業年度ごとに業績見通しを公表している。財務戦略として、2025年度売上高成長率7％以上を目指すとする。

　中期経営計画の効用を否定するものではないが、大企業には不要であると考えられる。前述の中期経営計画のない企業8社は、いずれも明確な経営理念を掲げており、そして、素晴らしい経営実績を達成している。ほかの日本企業も、米国企業やこれらと同様に、「長期的な経営理念＋1年間の短期経営計画」の追求を検討してみることが望ましい。

　一方、中小型企業は、中期経営計画の策定を通じて、会社全体の運営を、高度化、組織化することができるため、中期経営計画に取り組むことにはおおいに意義がある場合が少なくない。大企業はグローバル企業が多いため、為替相場や世界経済など外部要因の影響を受けやすい。その点、中小型企業は外部要因の影響は相対的に小さいため、中期経営計画の効果が発揮しやすい。

# 企業のDNAに着目したエクイティストーリー

## ▎模倣困難性が利潤を生む

　エクイティストーリーの軸になるのは模倣困難性と企業のDNAである。そして、これらが「ワクワクする夢」を形成するが、これが投資家に伝わればバリュエーションの上昇が期待できる。

　模倣困難性は、他社が容易に真似することができない技術、製品、ノウハウなどである。他社が類似した商品、サービスを提供できなければ、競争が激しくないので、利益率の向上が期待できる。つまり、模倣コストが大きく、希少で価値のある経営資源を有する企業は、競争優位を獲得できる。

　模倣困難性を実現している例が、コンビニエンスストア（以下、コンビニ）事業のパイオニアであるセブン-イレブン・ジャパン（以下、セブン-イレブン）である。セブン-イレブンの全店平均日販（2023年度）は69.1万円、ファミリーマート56.1万円、ローソン55.6万円との差は大きい。

　セブン-イレブンの親会社であるセブン&アイ・ホールディングス（以下、セブン&アイHD）のルーツは、1920年に、洋品店（羊華堂）として創業した東京下町の衣料品店である。1958年に、伊藤雅敏氏がイトーヨーカ堂を設立し、1961年にスーパーマーケットをチェーン展開した。

　日本のセブン-イレブンは、イトーヨーカ堂が米国サウスラ

ランドとライセンス契約を締結し、1973年にヨークセブン（1978年に、セブン-イレブン・ジャパンに改称）として設立された。サウスランドはテキサス州ダラスで1927年に創業した。氷小売販売店だったが、食料・雑貨を販売するようになった。1946年に、朝7時から夜11時まで毎日営業するチェーンとして、店名を「セブン-イレブン」とした（現在、多くは24時間営業）。

　米国では郊外のガソリンスタンドの併設店が多いが、日本では都心部の出店が多い。このため、サウスランドのコンビニ運営ノウハウのうち、日本で活用できたのはフランチャイズ経営の手法とブランド（7-23時営業）のみであったという。出店、物流などのほとんどが通用せず、独自にノウハウを開発せざるをえない状況となった。

　それ以降、セブン-イレブンは、コンビニ事業の世界のパイオニアとして、おにぎり、弁当、総菜、サラダ、公共料金収納、チケット発券、銀行、コーヒーなど次々に独自の新商品を投入していった。また、異なるメーカーの共同配送システムをつくりあげた。これが、その後の模倣困難性をつくりあげていった。やがて、サウスランドは経営危機に陥り、2005年にセブン-イレブンが完全子会社化した。

　同社のコア・コンピタンスは、プライベートブランドを中心とする商品力、出店政策、サプライチェーン、オペレーションのイノベーションなど多岐にわたる。これらが相互に関連し、かつ進化することによって、全体として模倣困難性を形成している。これらは創業者である鈴木敏文氏が形成したDNAによるものであり、その後継者もコンビニ事業出身者である。親会

社から社長がやってくる他のコンビニが、これらを模倣し、さらに凌駕することは容易ではない。

## 模倣困難性を形成する企業のDNA

　企業のDNAとは、組織や社員全体に根付く独自の価値観、経営哲学であり、それらが企業の競争力の源泉となることが多い。企業のDNAは、創業者や中興の祖によって形成されることが一般的である。創業者が熱い想いをもって起業し、その商品やサービスが世のなかに広く受け入れられた時に、企業は本格的な成長を始める。そして、創業者の想いが企業の成長過程において、企業のDNAに進化する。

　企業のDNAは創業者の哲学や理念に影響されることが多い。そして創業者が現在も経営者であり、あるいは、大株主として会社に対して大きな影響を与える場合、強力なリーダーシップを発揮しやすい。先進国時価総額上位10社のうち6社がオーナー系企業であるが、これらはすべて株価が大きく上がっている。

　ソフトバンクGは、PCソフトの流通業から始まり、現在では投資会社になった。創業時はパーソナルコンピューター（PC）ソフトが主力事業であったが、その後、インターネット、半導体、移動体通信、そして生成AIと事業を大きく転換しながらも、DNAである「最先端のテクノロジーにかかわる業務」を軸とし続けている。

　オーナー系企業が直面する試練は、オーナーがその企業から完全に離れた後である。時代とともに企業は事業を大きく転換

第3章　魅力あるエクイティストーリーで株価は上がる　93

することが多いが、その軸となるのが企業のDNAである。人が得意分野で勝負すれば勝てるように、企業もDNAの範囲内で事業展開することが勝利の方程式である。しかし、往々にして、経営者が交代を重ね時代を経ると、企業のDNA以外の分野で事業を展開し、事業が失敗することが少なくない。

DNAの形成においては、創業者のみならず中興の祖も重要である。半導体向けのシリコンウエハーで世界1位の市場シェアをもつ信越化学工業は、1926年に信濃電気と現チッソの合弁会社（信越窒素肥料）として創設された。明治時代の政治家、実業家の小坂善之助が1897年に長野電燈を設立し、のちに信濃電気と信越窒素肥料を吸収したのである。長野県には水力発電と石灰石が豊富にあったので、信越窒素肥料が創業できた。

故金川千尋（代表取締役社長・会長在任1990〜2023年、通算33年）は、三井物産を経て信越化学工業に入社した。その後、同社をシリコンウエハーと塩化ビニールの世界最大のメーカーに成長させた。こうして、信越化学工業は肥料メーカーから現在の電子材料メーカーに変身している。そのDNAは、電気（電子）に関連する付加価値の高い化学材料である。

東京エレクトロンは、日商岩井出身者が半導体製造装置を輸入するために設立した商社であった。同社は、単に輸入するだけでなく、半導体製造装置を顧客向けにカスタマイズすることに事業の重点を置いた。そして、東哲郎（社長・CEO在任1996〜2003年、2005〜2016年、18年）は、同社を世界有数の半導体製造装置メーカーに転換した。

ほかにも、オリエンタルランドの加賀見俊夫（同1995〜2023

## 図表3-2　先進国のオーナー系企業時価総額上位10社

| 上位10 | 国 | 時価総額<br>（兆円） | 株価騰落率<br>（過去10<br>年、％） | 先進国時価<br>総額順位 |
|---|---|---|---|---|
| 1　アルファベット | 米国 | 245.7 | 398.1 | 3 |
| 2　アマゾン・ドット・コム | 米国 | 219.8 | 662.0 | 4 |
| 3　エヌビディア | 米国 | 171.2 | 12,265.0 | 5 |
| 4　メタ・プラットフォームズ | 米国 | 127.3 | 547.7 | 6 |
| 5　テスラ | 米国 | 110.6 | 2,377.7 | 7 |
| 6　バークシャー・ハサウェイ | 米国 | 108.8 | 200.8 | 8 |
| 7　ブロードコム | 米国 | 73.2 | 2,011.0 | 11 |
| 8　ウォルマート | 米国 | 59.4 | 100.3 | 15 |
| 9　ＬＶＭＨモエ・ヘネシー・ルイ・ヴィトン | フランス | 57.0 | 453.2 | 16 |
| 10　トヨタ自動車 | 日本 | 42.0 | 101.8 | 24 |

注：2023年末時点、１ドル140円で換算。LVMHのCEOは創業者でないものの、オーナー系企業とする。
出所：FactSet

年、28年）、富士フイルムホールディングスの古森重隆（同2000～2021年、21年）、ダイキン工業の井上礼之（同1994～2014年、20年）らの中興の祖は、それらの企業のビジネスモデルを抜本的に改革し、おおいに進化させた。

## ■ 企業のDNAを軸に優秀な経営者を連続して生む企業

　名経営者とは、在任中に成長するのみならず、退任後もその企業が連続して優秀な経営者を生み出す仕組みをつくることができる人物を指す。連続して優秀な経営者を生み出すことができれば、当然のことながら、その会社は長期的に大きく成長する。

　経営学の名著『ビジョナリーカンパニー・時代を超える生存の法則』は、長期的に成長する条件として、カルトのような文化、基本理念、生抜きの経営者などを重視することをあげている[26]。つまり、企業が長期的な成長を持続させるためには、独自の企業文化を軸に、事業ポートフォリオを時代の変化にあわせて革新していくことが欠かせないということである。

　ただし、それを実行するのはむずかしい。在任中は名経営者といわれても、成長が持続しない例が少なくない。ゼネラル・エレクトリック（現GEエアロスペース）のジャック・ウェルチ元CEOは名経営者といわれたが、退任後、GEの経営は大きく悪化した。IBMのルイス・ガースナー元CEOも同様である。

　日本で「経営の神様」といえば、パナソニックの創業者松下幸之助である。たしかに、松下の存命中、パナソニックは大きく成長した。しかし、その後、同社の業績は振るわない。

---

26　ジェームズ・C・コリンズ、ジェリー・I・ポラス著『ビジョナリーカンパニー・時代を超える生存の法則』（日経BP社、1995年）193〜234頁

世界では、経営者がバトンタッチをしながら、十年単位で継続して成長している企業は少ない。例外的に、米国では、伝統的な企業として、ジョンソン・エンド・ジョンソン、ウォルマート、若い企業では、アップル、マイクロソフト、アルファベット、アマゾン・ドット・コム（アマゾン）がある。欧州では、ノボノルディスク、ロシュ・ホールディング（ロシュHD）、ネスレなどがある。

近年、日本でも優秀な経営者が出現している。冷戦終結後の1990年代以降、日本企業が急速にグローバル化した。しかし、当時の日本の経営者の多くは海外事業の経験が乏しかった。一方で、現在のグローバル企業の経営者の多くは、海外事業や企業買収の経験が豊富である。

日本でも連続して優秀な経営者を輩出する企業が生まれ始めている。ソニーGは平井一夫、吉田憲一郎、十時裕樹、リクルートホールディングスは柏木斉、峰岸真澄、出木場久征、日立製作所は川村隆、中西宏明、東原敏昭、小島啓二、東京エレクトロンは東哲郎、河合利樹と、名経営者を連続して輩出することに成功している。

その結果、これら企業は長期的に成長している。このように、経営者が交代しても成長が持続する企業は、企業のDNAを軸にして事業を展開していると考えられる。

## ■ 「ワクワクする夢」の理解が重要

エクイティストーリーをつくるうえでの「肝」は、その企業の「ワクワクする夢」をどのように表現するかである。創業時

第3章 魅力あるエクイティストーリーで株価は上がる 97

に、トヨタ自動車豊田喜一郎、日立製作所小平浪平、ソニーG
の盛田昭夫、井深大などの大企業のファウンダーは「ワクワク
する夢」をみていたと想像できる。そして、それらが現在のこ
れらの経営者に引き継がれていると思われる。

　以下、ソニーGを例として、これを理解するプロセスを紹介
する。

　第一に、社史などを通じて、創業者や中興の祖の熱い想いを
理解することである。ソニーGはその設立趣意書の冒頭に、会
社創立の目的として「真面目なる技術者の技能を、最高度に発
揮せしむべき自由闊達にして愉快なる理想工場の建設」を掲げ
ている。これは、ソニーGの創業者の一人、井深大が執筆した。

　1945年に、井深大らがソニーGの前身である「東京通信研究
所」を設立した。これが、翌年、「東京通信工業株式会社」と
なった。祖業はラジオの修理であった。

　創業後に、最初に開発した製品は電気炊飯器である（1945
年）。ただし、これは製品としては失敗だった。次いで発売し
た電気座布団がヒットし、軍資金を蓄えることができた。1950
年にテープレコーダーを発売し、その後の高成長が始まる。つ
まり、夢を実現するために、電気炊飯器、電気座布団といった
本業とはいえないビジネスも手掛けた。それ以降、ソニーGは
本来の事業に集中した。

　第二に、企業のDNAから由来するコア・コンピタンスを把
握することである。ソニーGの主力事業は、相互に関連し合っ
ており、これが模倣困難性を生んでいる。

　ソニーの社名の由来の一つはラテン語で音を表すSONUSで

図表3−3　ソニーGの純利益と時価総額の推移

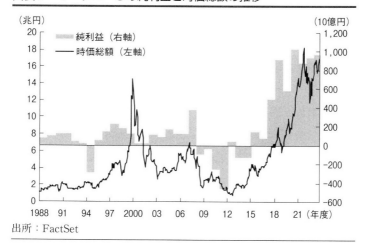

出所：FactSet

ある。創業以来、音を起源として、エレクトロニクス事業、エンタテインメント事業、半導体事業など、長期視点で事業を拡大させてきた。歴代の主力商品は、テープレコーダー、トランジスタラジオ、ヘッドホンステレオ（ウォークマン）、CD、MDなど音にかかわるハードウェアに強い。

盛田昭夫は、音にかかわるコンテンツに進出すべく、1968年に、CBSソニーレコード（現ソニー・ミュージックエンタテインメント）を設立した。CBSソニーレコードの初代社長はバリトン歌手であった大賀典雄（東京藝術大学音楽学部声楽科、ベルリン国立芸術大学音楽科卒業）である。

1982年に、大賀はソニーGの社長に就任した。そして、1989年に、コロンビアピクチャーズ（現ソニー・ピクチャーズエンタテインメント）を買収し、1994年にプレイステーションを発売

した。これらは、すべて音が付加価値の中核をなしており、現在のコア・コンピタンスを形成している。

　第三に、現在の社長やCEOのMVVを理解することである。ソニーGのパーパスは、2019年に吉田憲一郎取締役代表執行役会長CEOが策定した「クリエイティビティとテクノロジーの力で、世界を感動で満たす」である。創業の精神を軸としながら、経営者として、クリエイティブの強化、感動空間の拡張を掲げている。約11万人のグループ社員が一丸となって、新たな価値の創出に取り組む。感動と人を軸にした長期的価値創造に取り組んでいる。

　ソニーGは、かつては「電機メーカー」であった。しかし、DNAの範囲外の事業（携帯端末、パーソナルコンピューター（PC）など）に進出し、大きな損失を計上した時期があった。吉田が最高財務責任者に就任した2014年以降、ゲーム・ネットワーク・音楽・映画事業の売上高構成比が27％（2013年度）から56％（2023年度）まで高まり、ビジネスモデルは大きく転換した。時価総額は1兆円以下から最高19.2兆円（2022年）に増加した。

## ■ 高バリュエーション企業は魅力的なストーリーをもつ

　日本の時価総額上位企業で、バリュエーションが相対的に高いのが以下の2社である。いずれも、魅力のあるエクイティストーリー、そして魅力的な競争戦略を形成していると考えられる。

## キーエンス

センサーを中心とするファクトリー・オートメーション（FA）の総合メーカーである。創業者滝崎武光は、尼崎工業高校を卒業後、二度、起業に失敗した。1972年に、個人事業としてリード電機を設立した。この会社の主力事業は電線の自動線材切断機製造であった（1982年に事業譲渡して撤退した）。

1973年に、センサー開発事業に進出し、トヨタ自動車に納入を開始した。会社が軌道に乗ったところで、滝崎氏は個人事業を株式会社化した。滝崎氏にとっては三度目の会社設立だったが、これが大きく成長し、現在のキーエンスとなった。ファブレスであり、また、代理店を通さないダイレクトセールスであるため、利益率が高い。

「付加価値の創造こそが企業の存在意義」とするキーエンスは、「新商品の約70％が世界初、業界初の商品」というワクワクする夢を掲げる。そして、これを夢に終わらせず、実現させてきた。売上高営業利益率は51.2％と高水準であり、当期純利益は過去10年間で4.3倍（2024年3月期）、同株価は5.5倍（2023年末）となった。PERは40.8倍、PBRは5.4倍と高い。

## ファーストリテイリング

柳井正会長兼社長は「次の10年も3倍以上に成長し、10兆円を目指します」「今が第4創業です」「世界最高のグローバルブランドになる」など、たいへんわかりやすいワクワクする夢を述べている[27]。

---

27　柳井正「ファーストリテイリング今後の展望」（2023年4月13日）

1949年に山口県宇部市で柳井等（正の父）が同社の前身となるメンズショップ小郡商事（紳士服店）を創業した。宇部市は、炭鉱の閉山後、繁華街はすたれ、会社を存続させるためには大胆なビジネスモデルの転換が必要となった。1984年に、柳井正が社長に就任し、広島市にユニクロ1号店をオープンし、1985年にはロードサイド店に進出した。

ユニクロの強みは、フリースやヒートテックに代表されるように高機能性に特徴がある。多くの衣料品のチェーン店は国内でのみ店舗展開しているため、成長に限界がある。しかし、ユニクロは、高機能性を武器に、ZARA、H&Mと並ぶ世界のファストファッションブランドとなった。

2023年8月期に、連結業績に占める海外ユニクロ事業の売上収益は初めて5割を超え、営業利益に占める割合も約6割まで拡大した。当期純利益は過去10年間で3.3倍（2023年8月期）、同株価は2.4倍（2023年末）となった。PERは36.2倍、PBRは5.9倍と高い。

## ■ 日立製作所のシングルパーパスは「社会イノベーション事業」

日立製作所は、DNAを重視した事業改革を行い、高収益企業に変身した。そのルーツは、久原鉱業所日立鉱山付属の鉱山機械の修理工場である。1905年に、鉱山王と呼ばれた久原房之助が銅山（日立鉱山）を買収した。鉱山機械を動かすための電力が必要であったので、翌年、東京電燈（現在の東京電力）の小平浪平を招聘し、水力発電所を建設した。これが成功し、久

原鉱業所は後の日産コンツェルンの源流となった。

　当時、久原鉱業所で使われた鉱山機械の多くがGEやウェスタン・エレクトリックなど外国製であったが、これらは頻繁に故障した。修理工場を担当していた小平は、外国製品の修理だけでは我慢できず、1910年に5馬力の電動機を自社製造した。この年が、日立製作所の創業とされる。

　その後、日立製作所は、鉱山機械製造から電力、鉄道、産業機械など社会インフラ事業に進出し、これらを中核事業として成長していった。日立製作所のDNAは、①高価格・高技術、②非市況ビジネス、③B2Bの少量生産、であるといえる。

　しかし、戦後、日立製作所は、半導体、液晶、ハードディスクドライブなど市況変動事業や、家電、PC、携帯端末などB2C事業など自社のDNA以外の分野に進出していった。これらは、①相対的に低価格・低技術、②市況ビジネス、③B2Cの大量生産、という共通点があり、DNAから大きく逸脱していた。バブル崩壊後、日立製作所は、1998年度3,369億円、2001年度4,838億円、2008年度7,873億円と、巨額の最終損失を計上した。

　その後、川村隆（社長在任期間2009～2010年）、中西宏明（同2010～2014年）、東原敏昭（同2014～2021年）が、経営改革に乗り出した。事業ポートフォリオをDNAに沿って入れ替え、20社以上あった親子上場を解消した。さらに、グローバルロジックやABBのパワーグリッド事業などを買収して、グローバル事業を強化し、さらにデジタルイノベーションを強化した（Lumada）。

図表3-4 日立製作所の純利益と時価総額の推移

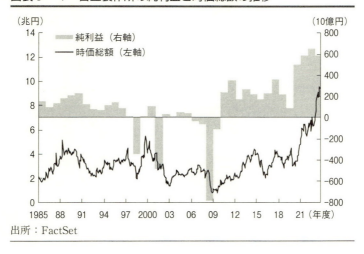

出所：FactSet

　現在、日立製作所は「社会イノベーション事業」をシングルパーパス（唯一の存在価値）とする。日立製作所は10年以上の大改革を経て、業績は急回復した。こうして、日立製作所は「社会イノベーション事業」というDNAに回帰しつつも、グローバル、デジタルという付加価値を加えて成長している。時価総額は2009年の最低7,780億円から2023年末時点には9.4兆円と12.1倍になった。

## ■任天堂はハードとソフト両方でメジャーなプレーヤー

　企業の経営者が交代しながらも、企業のDNAを軸にビジネスを展開しているのが任天堂である。経営理念として「娯楽を通じて人々を笑顔にする会社」「任天堂独自の遊び」を掲げ、

経営者が交代しても独自の企業文化を継承している。

1889年に、山内房治郎が花札を製造したのが同社の発祥である。3代目で創業者の曾孫に当たる山内溥（1949年に社長就任）が中興の祖として、ビジネスモデルを確立した。1977年に、テレビゲームに進出し、それ以降、この分野における世界のパイオニアになった。1983年に、ファミリーコンピュータを発売し、それ以降、ニンテンドーDS、Wii、Nintendo Switchなどがヒットした。

任天堂は、そのDNAを「誰もが直感的に楽しめる任天堂独自の遊びを提供し続けること」としている。コア・コンピタンスは、魅力あるキャラクターを継続的に生み出せることである。ソフトウェアは自社制作が売上高の81％（2023年度）を占めており、スーパーマリオブラザーズ、ドンキーコング、ポケモン（ポケットモンスター）、ピクミン、ゼルダの伝説、あつ森（あつまれ どうぶつの森）など、世界的に有力なソフトウェア、キャラクターを数多く保有している。

任天堂と他のゲーム企業との根本的な違いは、ハードウェア、ソフトウェア両方でメジャーなプレーヤーであることである。これが同社の模倣困難性を生んでいる。マイクロソフトはXbox、ソニーGはプレイステーションといった付加価値の高いハードウェアをもつが、有力なソフトウェアは多くない。任天堂のゲーム機のコンセプトは「おもちゃ」である。任天堂のゲーム機の価格は、プレイステーションなどの半分強の水準であり、ゲーム機として高い技術水準を求めていない。

2010年代前半は、円高やハードウェア戦略の失敗、岩田聡社

長の病死などによって、経営が混乱した。しかし、その時期に開発したNintendo Switchが急成長し、現在の業績を牽引している。

現在の経営は、ビジネス戦略を担当する古川俊太郎代表取締役社長とゲームプロデューサーのトップである宮本茂代表取締役フェローのツートップ体制である。同社は「任天堂IPに触れる人口の拡大」を基本戦略として掲げる。世界中に広く普及するスマートデバイスをはじめ、映像コンテンツやテーマパーク、キャラクターグッズなど、ゲーム専用機以外の分野での拡大を目指している。これが今後の成長源になることが期待される。

現在の任天堂は、グローバルなゲーム専業企業であり、2023年度の売上高の78％が海外である。過去10年間の株価上昇倍率

図表3-5　任天堂の純利益と時価総額の推移

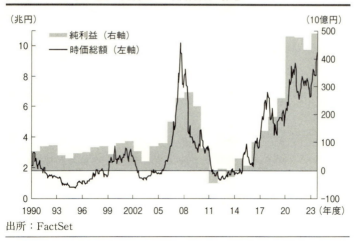

出所：FactSet

は5.3倍であり、PBRは1.5倍から3.3倍に上昇した。

## DNAを軸に総合商社は復活した

かつて、「商社冬の時代」という言葉があった。1990年代以降、企業のDNA以外の事業（不動産、エネルギーなど）に進出して巨額の損失を計上した時期があった。なかには、銅取引で数千億円の損失を計上した商社もあった。そして、ほとんどの商社のPBRは1倍を下回り、株価は長期にわたって不振であった。

商社というと、さまざまな事業に多角化しているイメージがある。しかし、大手商社には企業のDNAを軸にした中核事業がある。三菱商事と三井物産の祖業の一つは石炭の販売であり、現在も、両社の主力ビジネスは資源エネルギー事業であ

図表3－6　五大商社の時価総額の推移

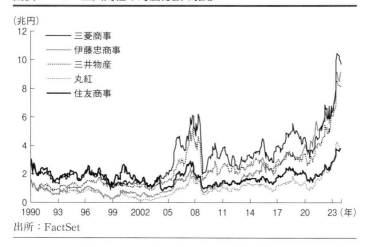

出所：FactSet

る。伊藤忠商事の創業者は伊藤忠兵衛であり、麻布のもち下り（布の行商）が祖業である。その主力事業は非資源ビジネスであり、川下分野が収益源である。

1881年、三菱商会が官営高島炭鉱（その後の三菱鉱業、現三菱マテリアル）を買収した。1896年、三菱合資会社が売炭部（後の営業部）を設立したのが、三菱商事のルーツである。そして、1918年に、三菱合資から、高島炭鉱が三菱鉱業、営業部が三菱商事としてそれぞれ独立した。

戦後、三菱商事は、資源事業で大成功が続いた。1969年に、シェルと合弁で、ブルネイの液化天然ガス（LNG）事業を成功させた。2001年には、BHPビリトンと合弁で、オーストラリアの豪州原料炭事業（BMA）を開始し、BMAは年2,000億円前後の純利益を生んでいる。また、米国、インドネシアのLNG事業が成功している。

三井物産は、1876年に三井財閥の貿易事業部門として創業し、紡績業などに強みがあった。三井組が官営三井炭鉱（当時、日本最大）を買収し、その石炭販売を三井物産が担った。戦前は、日本最大の商社であった。

三井物産は世界各地にLNGの権益を多くもつ。オーストラリアとブラジル（バーレの出資）の鉄鉱石、原料炭事業に強い。資源価格が上昇した2023年度は、純利益が総合商社で首位となった。

伊藤忠商事は、1970年代に東亜石油の買収で巨額の損失を計上した。あるいは、不動産などを処理して、1997～1999年度に計2,174億円の損失を計上した。このように、企業のDNAから

乖離した事業を展開し、苦戦した時期があった。近年は、買収した事業会社の経営が収益に貢献しており、業績は他の商社と比較して相対的に安定している。特に、ファミリーマート、デサント、ヤナセなど消費財分野に強い。また、CTC、ベルシステム24などを買収し、情報通信の比重が相対的に高い。

このように、現在、これら3社は、企業のDNAを軸に、事業を世界的に展開している。それぞれの得意分野を中心に事業展開しており、3社の2023年度純利益は、日本全体でトップ10に入った。そして、株価は2020年代に入って急上昇している。

## ▌小括：模倣困難性と企業のDNAが重要

最高財務責任者（CFO）やインベスターズ・リレーションズ（IR）や人事・報酬や経営企画の責任者の視点から、株価上昇のための財務戦略は、以下の3段階に分かれると考えられる。

第一に、中期経営計画策定、KPIの設定、資本政策（バランスシート・マネジメント、株主還元など）、経営者の報酬の決定などがある。KPIを軸に、社内外にわかりやすい財務戦略を発信することが求められる。経営者、社員が株価に対する意識を高めさせる手段として、報酬のかなりの部分を株式や株式に類する手段で支払うことが考えられる。

第二に、エクイティストーリーの策定である。経営者が交代しても、持続的に成長を持続するためには、その企業のDNAの範囲内で事業を進化させることが有効である。模倣困難性と企業のDNAを軸としてエクイティストーリーをつくると、魅力ある「ワクワクする夢」を投資家に提供することが可能に

第3章　魅力あるエクイティストーリーで株価は上がる　109

なる。

　第三に、IR戦略である。投資家は、個人、国内の機関投資家、海外投資家、あるいはヘッジファンド、ロングオンリー、アクティビスト・ファンドなどと分類することがある。いずれも特性が大きく異なるので、開示資料などもそれに対応して変える場合がある。たとえば、時価総額が小さい企業であれば、資金規模の大きい海外の年金基金や大手機関投資家の投資対象になりにくい。その場合は、国内投資家や海外のヘッジファンドに焦点を当てることが考えられる。

　筆者が、多くの経営者やCFO、IR担当者と話をして感じるのは、IR資料などにおいて、模倣困難性と企業のDNAが十分に言語化されていないということである。多くの会社説明会などのIR資料では、ビジネスモデルや中期経営計画の説明は詳細になされているが、その企業の本質的な強みについての言及が少ない。模倣困難性と企業のDNAを理解したうえで、エクイティストーリーを投資家に提示すれば、バリュエーションを引き上げることに有効であると考える。

# 第4章

# バリュエーションを高める財務戦略

# 欧米のバリュエーション戦略に学ぶ

## ■ 米国企業は自社株買いを重視する

　株価は、ファンダメンタルズとバリュエーションの関数である。株価を上昇させるために最も重要であるのは、いうまでもなくファンダメンタルズである。長期的な株価上昇のためには、企業の利益成長が重要であり、予想利益成長率が高いとバリュエーションは高まるのが一般的である。

　そして、バリュエーションを引き上げるための戦略の一つが、株主還元である。米国企業のROE、PBR、そして過去の株価上昇率は、いずれも主要国で最も高い。その最大の要因は米国企業の成長力と収益力の高さにあるが、同時に、自社株買いを中心とする株主還元による株価上昇効果も大きいと考えられる。

　株主還元額（自社株買いと配当の合計）は、米国が194兆円（2023年）と、日本の29兆円（日本の配当は年度ベース）の6.7倍である（2023年末株式時価総額は米国が日本の6.4倍）。総還元性向（純利益に対する株主還元の比率）は、米国の86％（純利益226兆円）に対して日本は50％である。

　さらに、株主還元に占める自社株買いの構成比は米国の57％に対して、日本は30％にとどまる。純利益に対する自社株買いの比率は、米国の49％に対して日本は15％である。結果として、米国の自社株買いの合計額は111兆円と、日本の9兆円よ

りはるかに大きい。

　個人投資家は配当を求める傾向がある。このため、企業が増配を発表した時点で、株価が短期的に上昇することがあるが、持続性に乏しい。また、連続して増配している企業は高く評価されることがある。しかし、S&P500配当貴族指数（S&P500構成銘柄のうち25年間以上連続増配を行う企業で構成）の過去10年間の投資収益率は114.8％と、S&P500の211.5％を大きく下回る。このように、増配だけでは株式市場ではあまり評価されない。

　基本的に、増配は株価に対して中立要因である。株価が1,000円であるとしよう。配当が100円であれば、理論上、権利確定日の翌日に株価は900円に下落する（配当落ち）。株価900円に配当100円を加えると1,000円である。無配であっても1,000円であり、財産価値は変わらない。

　企業活動によってキャッシュ・フローを長期的に増大させ、同時に自社株買いを中心に積極的に株主還元することが株価上昇にとって有効な戦略であるといえる。本章では、バリュエーションを高める手段としての自社株買いの国際比較を行い、それから日本企業の財務戦略に対する示唆を分析する。

## ▌米国の株主還元の制度

　日米の株主還元の制度は大きく異なるので、以下、概要を説明する。

　基本的に、米国の会社法は州法である。会社法体系は、コモンローであり判例法が発達してきた。判例法や前例を反映し

て、現実の運用は柔軟である。デラウェア州によると、フォーチュン500企業の3分の2以上がデラウェア州に登記上の本社を置く。そこで、以下はDGCL（デラウェア州一般会社法）の規定を概説する。

配当は取締役会決議が求められるが（DGCL70条）、自社株買いについては、明示的に取締役会決議を求めていない（同160条）。ただし、取締役は違法な配当や自己株式取得について責任を問われることから（同174条）、実務上、取締役会で決議されている[1]。

配当は、基本定款の制限に従い、剰余金または当該会計年度または前会計年度の純利益を原資として取締役会で決定される（同170条）[2]。剰余金の定義は、純資産（総資産から総負債を差し引いた金額）が資本金を超過する額である（同154条）。日本では、後述のとおり、分配可能額（おおむね剰余金）の範囲内で、配当を行わなければならないが、米国の場合、剰余金がない場合でも、当該会計年度または前会計年度の純利益を原資とすることができる。

自社株買いは、会社の資本を毀損せず、剰余金の範囲内で実施の条件となる（同160条(a)(1)）。剰余金がマイナスであれば資本が毀損しているとみなされる。ただし、剰余金算定に際し、貸借対照表で開示される総資産、総負債は現在価値を反映して

---

1 　James D. Honaker and Eric S. Wilensky, "Dividends, Redemptions and Stock Purchases", Morris, Nichols, Arsht & Tunnell, 2012

2 　竹田公子編著『米国会社法の実務Q&A』（中央経済社、2019年）164〜169頁

いるとは限らないので、デラウェア州の判例では、会社が現在
価値で再評価することを認めている[3]。たとえば、不動産を再
評価するなどが行われる[4]。

自己株式の情報開示規制では、1982年にSEC規則10b-18（自
己株式取得のセーフハーバー・ルール）が導入された。これは、
①発注先、②取得時期、③取得価格、④取得量、のルールを定
めている。レギュレーションS-Kのアイテム703により、四半
期・年次報告書で（フォーム10-Q、10-K）、自社株買い状況に
関する開示（月次取得株数、平均取得価格等）が求められる。

## ■ 米国では制度変更が自社株買いを増やした

自社株買いが増えた理由として、制度面の変化の影響も大き
い。2017年に海外資金還流減税が実施され、国内に資金還流し
た際の二重課税が実質的に廃止された。

それまでは、二重課税を防ぐために、多くの大手IT企業は
海外で余剰資金を蓄えていた企業が多かった。海外の実効税率
を軽減させるために、問屋スキームと無形資産の譲渡スキーム
を融合させたダブル・アイリッシュ・ウィズ・ア・ダッチ・サ
ンドイッチ（DIDS）という手法がある[5]。これは、1980年代後
半にアップルが開発したものであり、税率の低いアイルラン

---

3　Houlihan Lokey, "Negative Equity and Solvency Opinions in To-
day's Market", September 2022

4　Stan Keller, "Recent Delaware and Other Decisions Relevant to
the MBCA", Capital Markets Blog, Locke Lord, December 8, 2022

5　Christopher Needham, "Corporate tax avoidance by multinational
firms", Library of the European Parliament, September 23, 2013

ド、オランダ、タックスヘイブン国の法人を利用する[6]。DIDS
を活用するには、無形資産の譲渡が必要なので、特許、ブラン
ドなど有力な無形資産をもつ企業のみ活用できる。法改正の結
果、海外の余剰資金の国内還流が進み、自社株買いが増加し
た。

　2022年に成立したIRA（インフレ抑制法）により、自社株買
いに１％を課税する制度が開始された。公認証券取引所に上場
する米国法人が対象となり、課税年度の自社株買いの公正価値
から株式発行額の公正価値を差し引いた金額に対し１％の課税
が行われた[7]。ただし、１％の自社株買い課税のインパクトは
それほど大きくない。IRA成立によるイベント・スタディで
は、自社株買いを積極的に行う企業の異常リターンはネガティ
ブとの結果が出た[8]。

　自社株買いの手法は、①立会市場取引、②公開買付け、③相
対取引、④加速型自社株買い（ASR）に分類される[9]。90％が
立会市場取引だが、近年、ASRの利用が増加している。これ
は、投資銀行等を通じて大量の自社株買いを行う手法であり、

---

6　太田洋「多国籍企業のタックス・プランニングとOECDのBEPS〈課
　税ベースの浸食と利益移転〉への対応」（日本機械輸出組合「国際税務
　関連情報」2013年７月９日）
7　IRS, "Initial Guidance Regarding the Application of the Excise Tax
　on Repurchases of Corporate Stock under Section 4501 of the Internal
　Revenue Code", Notice 2023-2, December 27, 2022
8　Paul Brockman, Zhe (Michael) Guo, Hye Seung (Grace) Lee and
　Jesus M. Salas, "Share Repurchases and the Inflation Reduction Act",
　S&P Global Market Intelligence Research Paper Series, SSRN, March
　14, 2023
9　Skadden, "Share Repurchases", March 16, 2020

規模の大きい自社株買いを短期間に完了できるというメリットがある。

## ■ 米国企業の株主還元は増加

株主還元は企業の成長ステージによって異なる。米国では、成長期の企業による株主還元はない、もしくは少ない傾向にある。企業が成熟期に入るにつれ、自社株買い、次いで配当を始める。成熟期では、配当が主体となる。これが一般的なパターンである。従来、利益が安定している大企業の株主還元は、配当が中心であったが、1980年代以降、自社株買いに移行している[10]。

株主還元が増加した最大の理由は、以下のとおりである。

第一に、高水準のフリー・キャッシュ・フロー（FCF）がある。FCFは、企業が日々自由に使える現金を指すが、ここでは、営業活動による純キャッシュ・フローから設備投資（固定資産）を差し引いたものとする。

米国企業1位（金融除く）は、アップルの13.9兆円であり、過去5年間で5.0兆円増加している。2位はアルファベットの9.7兆円（同6.5兆円増加）、3位はマイクロソフトの8.3兆円（同3.8兆円増加）である。株式還元額上位企業もこれら3社である。日本の2023年度のFCF金額上位企業（金融除く）は、1位ソニーG2.5兆円、2位KDDI1.1兆円、3位三菱商事0.8兆円であり、米国企業とは大きな差がある。

---

10 Franklin Allen and Roni Michaely, "Payout policy", Chapter 07 in Handbook of the Economics of Finance, 2003, vol. 1, Part 1, pp. 337-429

米国のハイテク企業はITサービスやソフトウェアが中心であり、また半導体などではファブレス企業も多い。このため、こうした企業は大規模な設備投資は不要であることが多い。さらに、純利益の水準が高いのでFCFが豊富である。そのため、株主還元額が大きい傾向がある。

　第二に、ITサービス企業であっても成長期には多くの資金を必要とするが、アップル、マイクロソフトなどは財務的には成熟期に入っているため（利益は高成長を続けている）、多額の余剰資金が生まれている。同様に、アルファベット、メタ・プラットフォームズなども、成長期から成熟期に入るステージにある。

　第三に、機関投資家の圧力がある。上場企業が現金を過度にもつと、アクティビストにねらわれる可能性が高まる（第6章で詳述）。

　米国では、ROE改善のためではなく、EPS増加のために自社株買いが行われる傾向がある。役員や従業員に付与されたストック・オプションの権利が行使されると株式数が増加し、EPSの希薄化を避けるために行われることがある[11]。

---

11　Kathleen M Kahle, "When a buyback isn't a buyback: open market repurchases and employee options", Journal of Financial Economics Vol. 63, Issue 2, 2002, pp.235-261.　Daniel A. Bens, Venky Nagar, Douglas J. Skinner and M.H.Franco Wong, "Employee stock options, EPS dilution, and stock repurchases", Journal of Accounting and Economics Vol. 36, Issues 1-3, 2003, pp. 51-90

## ■ 米国企業の株主還元は自社株買い中心

　米国の時価総額上位企業の多くがIT、ヘルスケアなどバリュエーションの高い企業で構成される。アップル、イーライリリーのバリュエーションが高い理由として、成長力が高いということもあるが、積極的な自社株買いの影響も大きい。

　米国のハイテク企業は、配当性向が低く（あるいは無配）、同時に積極的に自社株買いを実施することが多い。時価総額上位10社（金融除く）のなかで、2023年度に、アルファベット、アマゾン、メタ・プラットフォームズ、テスラの4社は無配である。アマゾンとテスラは株主還元を行っていない。アルファベットとメタ・プラットフォームズは、自社株買いのみを実施している（両社は2024年に初の配当開始を発表）。

　株主還元額1位はアップルの13.0兆円である（純利益13.6兆円、2023年9月期）。自社株買い10.9兆円に対し、配当は2.1兆円である。つまり、利益のほとんどを、自社株買いを中心に株主に還元している。株主資本比率は17.6％と財務レバレッジが高いため、ROEが171.9％、PBRは48.2倍と高い。

　ティム・クックCEOの就任以来の累積報酬は1,023億円であるが、基本報酬44億円、株式報酬が824億円（構成比81％）である（2023年時点）。こうして、株主の利益と経営者の報酬がリンクする仕組みになっている。

　2位のアルファベットの株主還元は、自社株買い8.6兆円のみで、5年前の1.3兆円から大きく増加している。スンダー・ピチャイCEOの2022年の316億円の報酬のうち、株式報酬は

第4章　バリュエーションを高める財務戦略　119

**図表４－１　米国時価総額上位企業の株主還元**

| 上位10 | ROE（％） | PBR（倍） | 配当性向（％） | 総還元性向（％） | 自社株買い構成比（％） | 過去5年株価騰落率（％） |
|---|---|---|---|---|---|---|
| 1　アップル | 171.9 | 48.2 | 15.5 | 95.4 | 83.8 | 388.2 |
| 2　マイクロソフト | 38.8 | 13.6 | 27.4 | 58.1 | 52.9 | 270.2 |
| 3　アルファベット | 27.4 | 6.1 | 0.0 | 83.3 | 100.0 | 167.4 |
| 4　アマゾン・ドット・コム | 17.5 | 7.8 | 0.0 | 0.0 | — | 102.3 |
| 5　エヌビディア | 91.5 | 28.4 | 1.3 | 33.4 | 96.0 | 1,383.8 |
| 6　メタ・プラットフォームズ | 28.0 | 5.9 | 0.0 | 50.6 | 100.0 | 170.0 |
| 7　テスラ | 27.9 | 12.6 | 0.0 | 0.0 | — | 1,020.0 |
| 8　イーライリリー | 48.9 | 51.4 | 77.7 | 92.0 | 15.6 | 403.7 |
| 9　ブロードコム | 60.3 | 19.3 | 54.3 | 108.9 | 50.1 | 339.0 |
| 10　ユナイテッドヘルス・グループ | 26.9 | 5.5 | 30.2 | 66.0 | 54.2 | 111.3 |

注：金融除く。時価総額、株価は2023年12月末時点、1ドル140円で換算。エヌビディアの財務は2024年1月期、それ以外2023年度、配当金、自社株買い金額はキャッシュ・フロー計算書数値。
出所：FactSet

図表 4 － 2　米国過去10年発行済株式数減少率上位10社

| 上位10社 | 発行済株式数減少率（％） | 株主資本（2013年度）（兆円） | 株主資本（2023年度）（兆円） | 増減額（兆円） | 株主還元10年累計（兆円） | 自社株買い構成比（10年累計、％） |
|---|---|---|---|---|---|---|
| 1　ロウズ | −44.3 | 1.7 | −2.1 | −3.8 | 10.6 | 79.2 |
| 2　HCAヘルスケア | −39.6 | −1.2 | −0.2 | 0.9 | 4.8 | 90.8 |
| 3　オラクル | −38.3 | 6.6 | 1.2 | −5.3 | 23.3 | 81.3 |
| 4　アップル | −38.2 | 17.3 | 8.7 | −8.6 | 103.8 | 82.0 |
| 5　クアルコム | −33.9 | 5.1 | 3.0 | −2.0 | 12.3 | 65.1 |
| 6　ブッキング・ホールディングス | −33.9 | 1.0 | −0.4 | −1.4 | 5.5 | 100.0 |
| 7　ユニオン・パシフィック鉄道 | −33.1 | 3.0 | 2.1 | −0.9 | 9.8 | 65.2 |
| 8　アプライド・マテリアルズ | −30.8 | 1.0 | 2.3 | 1.3 | 4.4 | 78.7 |
| 9　イリノイ・ツールワークス | −30.4 | 1.4 | 0.4 | −0.9 | 4.1 | 60.4 |
| 10　アムジェン | −29.0 | 3.1 | 0.9 | −2.2 | 11.6 | 58.7 |

注：2024年 3 月末時点の金融除く時価総額上位100社対象。 1 ドル140円で
　　換算。ロウズ、オラクルは2024年決算期。配当金、自社株買い金額は
　　キャッシュ・フロー計算書数値。
出所：FactSet

第 4 章　バリュエーションを高める財務戦略　121

96％を占める（2023年は12億円の報酬のうち株式報酬はゼロ）。ピチャイCEOが就任した2015年以降の累積報酬は、1,166億円であり、そのうち株式報酬は1,110億円（同95％）であった。報酬評価基準は、1年間のTSR（対S&P100）である。

3位のマイクロソフトの株主還元額は5.9兆円である（自社株買い3.1兆円、配当2.8兆円、2023年6月期）。5年前は2.6兆円であった。サティア・ナデラCEOの2023年の報酬68億円のうち株式報酬は81％を占める。

自社株買いを多額に実施すると、会計上、株主資本が大きく減少すると同時に、発行済株式数が大きく減少する企業が少なくない（バリュエーション次第で変わる）。アップルは、2023年度までの過去10年間に85兆円の自社株買いを実施し、発行済株式数は38.2％減少し、株主資本は8.6兆円減少した。

ロウズの発行済株式数は、過去10年間に44.3％減少した。株主資本は3.8兆円減少し、前期末の株主資本は2.1兆円の債務超過である。なお、日本の会計基準では、EPSは、結果的に自己株式数を控除して計算されるが、発行済株式数自体には、自己株式数が含まれている。

## ■ 米国の経営者の高額の株式報酬

米国の高いバリュエーションの一因が経営者のインセンティブ設計であると考えられる。米国では、コーポレートガバナンス理論の発達により、株主と経営者の利益相反が比較的小さくなったと考えられる。その手段の一つが、経営者報酬の株式構成比を高めることである。

独立取締役のみで構成される報酬委員会が経営者を評価するが、その主な基準の一つがTSRであることが多い。TSRを高めるには、配当と比較して株価上昇効果が高い自社株買いが効果的である。

　2023年度は、米国時価総額上位100社のなかで、ブロードコムのタンCEOの報酬額が227億円と最高額であった。株式報酬が225億円と99％を占める。これは極端な例だが、報酬上位者の基本報酬の構成比は5％以下が多い。

　2位はブラックストーンのスティーブン・シュワルツマンCEOであり、2023年度の報酬は168億円あった。報酬全体のうち、基本報酬は4,900万円にすぎない。それ以外は、ブラックストーンのファンドの成功報酬、インセンティブ手数料、不動産投資信託（BREIT）などが含まれる。

　S&P500企業の半数以上のCEOがストック・オプションを受け取っていない。ストック・オプションは、経営者が企業を過度にリスクにさらす誘因になることがある。このため、スタートアップ企業には必要とされることがあるが、大企業の経営者報酬としては適当でないとの認識が広がっている。

　テスラのイーロン・マスクCEOは、2020年以降無報酬であるが、2018年に付与された6兆円（2024年4月12日の株価）規模のストック・オプションの報酬に対し、2024年にデラウェア州衡平法裁判所は無効の判断を下した。これは、10年間にテスラの時価総額が6,500億ドルに増加し、16の業績マイルストーンのうち12が達成された場合にのみ、権利が確定する設計である。2024年の株主総会で、2018年のストック・オプション報酬

図表4－3　米国CEO報酬額上位10名（2023年）

| 上位10社 | CEO | 報酬総額（10億円） | 基本報酬比率（10億円、%） | 株式報酬比率（10億円、%） |
|---|---|---|---|---|
| 1　ブロードコム | ホック・E・タン | 22.7 | 0.7 | 99.2 |
| 2　ブラックストーン | スティーブン・アレン・シュワルツマン | 16.8 | 0.3 | 0.0 |
| 3　アップル | ティム・クック | 8.8 | 4.7 | 74.3 |
| 4　プロロジス | ハミド・R・モガダム | 7.1 | 0.0 | 96.2 |
| 5　ネットフリックス | セオドア・A・サランドス | 7.0 | 6.0 | 0.0 |
| 6　マイクロソフト・コーポレーション | サティア・ナデラ | 6.8 | 5.2 | 80.9 |
| 7　アドビ | シャンタヌ・ナライエン | 6.3 | 3.3 | 89.2 |
| 8　サービスナウ | ビル・マクダーモット | 5.3 | 3.5 | 87.2 |
| 9　アメリカン・エキスプレス | スティーブン・J・スクエリ | 5.0 | 4.2 | 54.1 |
| 10　コムキャスト | ブライアン・L・ロバーツ | 5.0 | 7.0 | 42.4 |

注：1ドル140円で換算。時価総額上位100社対象。
出所：FactSet、各社資料

の再承認を求める議案と法人登記をデラウェア州からテキサス州に移転する議案が承認された。

## ■ 経営者の評価は利益と株価

　長期のインセンティブプランの評価基準として、株式報酬（パフォーマンス・シェア、譲渡制限株式等）を通じて、多くの企業でTSRが用いられている[12]。パフォーマンス・シェアは、中長期的な業績目標の達成度合いによって交付される株式報酬であり、長期インセンティブプランのなかでは最も一般的である。

　ただし、過去のCEO報酬の増加はTSRに完全に連動しているわけではない。2010年以降で、S&P500企業のCEO報酬の年間上昇率の平均は、TSRよりも8ポイント程度低い[13]。2022年のCEO報酬は前年比0％に対し、TSRは18％低下した。つまり、株価の成績以上に経営者報酬が増えているともいえる。

　2023年10月から2024年4月22日に提出された委任状説明書によると、S&P500のCEOの報酬の中央値は22億円であった[14]。CEO報酬の中央値は全体で9.2％上昇する一方、1会計年度のTSRの中央値は11.6％上昇した。CEO報酬の内訳は、株式報酬が64％と最も多く、次いで、現金ボーナスが23％、基本報酬が11％である（2022年、中央値）[15]。

---

12　John Sinkular and Ira T Kay, "Total Shareholder Return as a Performance Measure—Design Features and Key Considerations", Pay Governance（2024年8月30日閲覧）

13　Aubrey Bout, Perla Cuevas, Jose Lawani, and Brian Wilby, "S&P 500 CEO Compensation Increase Trends", Pay Governance, February 17, 2024

14　ISS, "Rise in CEO Pay at U.S. Large Cap Companies Returns to Historical Norms", April 30, 2024

2023年から、新規制により、株主総会の委任状説明書で、報酬と業績の相関が開示されている[16]。これは、経営者報酬の詳細を開示させ、それを投資家やメディアなどの評価にさらすという目的がある。

業績連動型報酬表において、実際に支払われた役員報酬、TSR（自社と同業他社）、純利益、最も重要な業績指標が開示される。また、業績連動型報酬表の報酬と業績指標との関係を説明したうえ、直近年度の役員報酬で使用された財務業績指標のリスト（最低3指標、最大7指標）も開示される。

報酬と業績の相関について、403社（S&P500構成企業）を調査したところ、評価指標リストのなかに、多くの企業が、利益（88％）、TSR（55％）、売上高（51％）を含めていた[17]。また、財務業績指標としては、1位が利益（56％）、2位が売上高（17％）を選択している。時価総額上位企業の役員報酬の評価基準をみると、売上高、TSR、営業利益などが目立つ。アップル、マイクロソフト、アルファベット、エヌビディアなど、上位10社中5社がTSRを指標にしている。

日本、米国、英国、ドイツ、フランスの5カ国における売上高等1兆円以上企業のCEO報酬（2022年度）を比較すると、米国が17.6億円と報酬水準が最も高く、長期インセンティブの割合も71％と高い[18]。日本のCEO報酬は2.7億円と5カ国のなか

---

15　Equilar, "CEO Pay Trends", July 2023

16　SEC, "Pay Versus Performance", October 11, 2022

17　FW Cook, "Observations from S&P 500 Pay Versus Performance Disclosure", June 13, 2023

で最も低く、年次インセンティブと基本報酬で7割を占める。欧州主要国は、米国と日本の中間に位置し、基本報酬の構成比は20％台である。

## ■ 欧州の株主還元は配当が中心

EUを中心とする大陸欧州主要国の株主還元制度は日本に近い。配当規制は、EU会社法統合指令（以下、統合指令）に規定される[19]。自社株買いは、①株主総会で自己株式取得の期間や条件を決議し授権を与える、②自社株買いで純資産の額が引受資本と分配不能準備金の合計額を下回ることになってはならない、③取得する自己株式は完全に払込みを終えた株式である、が条件である（統合指令60条1項）[20]。当該3要件に加えて、加盟国が自己株式の取得規制を任意に導入することができる。

英国の会社法には、配当決議機関に関する規定はなく、定款で機関を定めるか、株主総会で株主の承認が必要となる[21]。自社株買いは、定款で制限・禁止する規定がない限り、株主総会の決議が求められる。

欧州は、時価総額上位10社のなかで無配の会社はない。配当を重視し、自社株買いの規模が相対的に小さいという点では、

---

18　WTW「WTW,『日米欧CEOおよび社外取締役報酬比較』2023年調査結果を発表」（2023年8月17日）

19　松田和久「EU会社法統合指令における資本規制」（千葉商大論叢第57巻第2号、2019年）53〜69頁

20　高橋英治「ヨーロッパ会社法の構造(3)：ヨーロッパ会社法指令・その2」（大阪市立大学法学雑誌第66巻第3-4号、2020年）721〜689頁

21　HM Revenue & Customs, "HMRC internal manual Company Taxation Manual", published on April 16, 2016, Updated on 16 June 2023

図表 4 - 4　欧州時価総額上位企業の株主還元（2023年度）

| 上位10 | ROE（%） | PBR（倍） | 配当性向（%） | 総還元性向（%） | 配当金（10億円） | 自社株買い（10億円） | 過去5年株価騰落率（%） |
|---|---|---|---|---|---|---|---|
| 1　ノボノルディスク | 88.1 | 29.2 | 38.0 | 73.7 | 645 | 608 | 368.7 |
| 2　LVMHモエ･ヘネシー･ルイ・ヴィトン | 26.1 | 6.0 | 47.2 | 57.5 | 1,084 | 237 | 184.1 |
| 3　ネスレ | 28.8 | 7.2 | 69.8 | 116.5 | 1,220 | 815 | 22.2 |
| 4　ASMLホールディング | 70.4 | 19.9 | 30.0 | 42.7 | 355 | 151 | 397.0 |
| 5　ロレアル | 22.0 | 8.3 | 55.4 | 63.5 | 518 | 76 | 124.0 |
| 6　ロシュ・ホールディング | 40.1 | 6.6 | 66.0 | 76.0 | 1,182 | 178 | 0.5 |
| 7　ノバルティス | 16.4 | 4.4 | 84.7 | 186.4 | 1,016 | 1,221 | 1.0 |
| 8　エルメス・インターナショナル | 31.2 | 13.3 | 31.9 | 34.9 | 208 | 20 | 295.8 |
| 9　シェル | 10.2 | 1.1 | 43.4 | 123.4 | 1,175 | 2,171 | 11.4 |
| 10　アストラゼネカ | 15.6 | 5.4 | 75.2 | 75.2 | 627 | 0 | 80.5 |

注：金融除く。時価総額、株価は2023年12月末時点、1ドル140円で換算。配当金、自社株買い金額はキャッシュ・フロー計算書数値。
出所：FactSet

日本に近い。

　売上高等1兆円以上企業のCEO報酬（2022年度）は、英国、

ドイツ、フランスとも７億円台（中央値）であり、米国の18億円に及ばないが、日本の2.7億円（時価総額上位100社かつ売上高等１兆円以上の企業76社における連結報酬等の中央値）を上回る。

　欧州のCEOの報酬構成は、基本報酬、短期インセンティブ、長期インセンティブがいずれも３割程度というのが一般的であったが、過去３年間で長期の構成が高まっている[22]。

　欧州で時価総額最大の企業は、ノボノルディスク（デンマーク）である。株主資本比率は33.9％と著しく低いわけではないが、ROEは88.1％、PBRは29.2倍と比較的高水準である。ROEは、過去５年平均でも74.4％と高い水準を維持している。2023年度に、1.3兆円の株主還元（自社株買い6,079億円、配当6,453億円）を行っており、総還元性向は73.7％である。

　ラース・フルアガード・ヨルゲンセンCEOの報酬は14億円であった。純利益1.7兆円の規模と比較すると報酬は大きくない。固定報酬（基本報酬、課税手当、年金）が４億円（構成比29％）、短期インセンティブが３億円（25％）、長期インセンティブが６億円（45％）である。

　同２位のLVMHモエ・ヘネシー・ルイ・ヴィトン（以下、LVMH）は、1987年にルイヴィトンとモエヘネシーが経営統合をして誕生した。その後、買収を繰り返し75の高級ブランドをもつ。総還元性向は57.5％、還元に占める自社株買いの構成比は18.0％である。

　ベルナール・アルノーCEO一族が株式の48.6％を保有して

---

22　Dr Richard Belfield, "European CEO compensation trends and AGM season 2023", WTW, January 4, 2024

いる。フォーブス（2024年調査）によると、世界最大の富豪1位はアルノー一族が33兆円、2位がイーロン・マスク（テスラCEO）27兆円、3位がジェフ・ベゾス（アマゾン創業者）27兆円である。アルノーCEOの報酬は13億円であった（2023年）。固定報酬2億円（14％）、変動報酬4億円（28％）、株式報酬が7億円（57％）であった。

同3位のネスレの総還元性向は116.5％、還元に占める自社株買い構成比は40.1％である。ただし、これはやや特別である。2017年に、ダニエル・ローブが率いるサード・ポイント（アクティビスト・ファンド）がネスレの保有するロレアル株（全体の23.3％）の売却を迫った。そこで、ネスレは、ロレアル株の保有比率を20.1％まで減らし、それを原資として、2022年から2024年に約3兆円の自社株買いを計画している[23]。マーク・シュナイダー前CEOの報酬（2023年）は、17億円、基本報酬3.8億円（構成比23％）、株式報酬9.3億円（55％）である。

---

**23** Nestlé, "Nestlé reduces stake in L'Oréal to 20.1％, initiates new CHF 20 billion share buyback program"、プレスリリース、December 7, 2021、同 "What is the nature of Nestlé's relationship with L'Oréal?"（2024年8月30日閲覧）

# 日本の株主還元動向は変化しつつある

## 日本の株主還元制度

　日本の会社法はドイツ法体系であるため、欧州同様、債権者保護重視の観点が相対的に強い。2001年に自社株買いが解禁されたが、分配可能額（おおむね、剰余金）の範囲でのみ株主還元が可能である。また、純資産がマイナス（債務超過）になると上場維持基準に抵触する。

　2001年に、自己株式取得・保有が原則自由化された。自社株買いは、株主総会の普通決議（会社法156条1項）か、定款の定めにより取締役会の決議により取得を決定できる（同165条2項）。取締役会決議による取得枠設定が一般的である。

　分配可能額を超える配当や自己株式の取得をすることができない（財源規制、同461条）。分配可能額とは、おおむね、剰余金の額と一致する（同446条、会社計算規則149条）。金庫株は企業が保有する自己株式を指し、売出しや第三者割当増資などの資金調達、企業買収の対価として利用される。

　取得手法は、市場内取引である立会市場取引、立会外市場取引（ToSTNeT）と、市場外での株式公開買付け（TOB）がある。立会市場取引が49%、ToSTNeTが38%、TOBが10%を占める[24]。ToSTNeT買付けは、事前公表型の自己株式取得であ

---

24　宮島英昭「「新しい資本主義」の課題　自社株買い　安易な規制回避」（RIETI、2022年5月10日）

第4章　バリュエーションを高める財務戦略　131

り日本独自である[25]。オークション時間外の立会外取引として、1998年以降、円滑な執行が困難である大口取引やバスケット取引等に利用されてきた。

2008年には、取引時間を拡大し、ToSTNeT市場としてオークション方式による市場（立会市場）から独立した市場となった。単一銘柄取引（ToSTNeT-1）、バスケット取引（ToSTNeT-1）、終値取引（ToSTNeT-2）、自己株式立会外買付取引（ToSTNeT-3）がある。

## ■ 日本の株主還元は急拡大

日本には、株式持ち合いという独特の商習慣があり、さらにかつては「安定配当」という概念があった。また、自社株買いは2001年に制度化されたため、その歴史は長くない。このため、配当を重視した株主還元の慣習が根強く残っている。日本企業が安定配当を好む固有の理由として、以下のような歴史的な背景がある。

第一に、戦時中の配当規制である。戦前は、大企業の筆頭株主は発行済株式数の20％前後、上位5名で40％前後の株式を保有していた[26]。つまり、少数の大株主の株式保有構成比が高かった。戦前の会社法は、いま以上に、株主総会の権限が強く、稼いだ利益を株主に還元するため、配当性向は高かった。

---

25 太田浩司「ToSTNeT買付による自社株買いの実態」（關西大學商學論集第65巻第3号、2020年）43〜67頁

26 宮島英昭、川本真哉「企業統治の有効性とパフォーマンス：戦前期日本企業の経営者交代メカニズム」（早稲田ファイナンス総合研究所WIF-07-005、2007年6月）17頁

1937年の日中戦争開始後、軍需産業は戦争特需に沸いた。しかし、戦時中、軍需景気で会社が配当などを大判振る舞いすることを禁じるため、政府は、会社利益配当及資金融通令（1939年）、会社経理統制令（1940年）により、会社の利益処分、配当を制限した。その結果、配当は安定し、株式は債券に近い性格になった。これは、戦後の安定配当の概念のルーツとなった。

第二に、株式持ち合いと受取配当金の益金不算入制度である。戦後に定着した株式持ち合いと配当税制は、戦中に生まれた安定配当を固定化させた。

1950年に、シャウプ勧告に基づいて税制改正が実施され、法人が受け取った配当金については、原則、益金不算入となった[27]。配当は、法人税を控除した後の純利益を主な原資としてきた。その配当に対して法人税を課すのは二重課税となる。配当の益金不算入制度はそれを避けるためのものである。

1988年の税制改正において、子会社・関係会社等の配当は100％不算入であるが、それ以外（株式保有割合25％未満）は、80％益金不算入となり、2002年度の税制改正で、80％から50％益金不算入に縮減された。2015年の税制改正では、政策保有株式に対する受取配当課税が強化された（持分比率の区分と不算入比率の見直し）。当該制度により、2022年度に、法人が受け取った配当金21.3兆円のうち18.6兆円が益金不算入であった

---

[27] 品川芳宣「法人税性格論の史的考察―配当二重課税論議から事業体課税論議までの軌跡―」（税大ジャーナル第7号、2008年2月）、山内進「わが国の税法における配当金課税に関する一考察―アジア並びに欧米諸国の税法の比較検討―」（福岡大学商学論叢第48巻第1号、2003年6月）4～5頁

図表4－5　日本の株主還元額上位10社（2023年度）

| 上位10社 | 株主還元額 (10億円) | 配当金 (10億円) | 自社株買い (10億円) | 自社株買い構成比 (10億円、%) | 配当性向 (10億円、%) | 総還元性向 (10億円、%) |
|---|---|---|---|---|---|---|
| 1　トヨタ自動車 | 1,243 | 1,012 | 231 | 18.6 | 20.5 | 25.1 |
| 2　三菱商事 | 735 | 290 | 445 | 60.6 | 30.0 | 76.2 |
| 3　NTT | 632 | 431 | 200 | 31.7 | 33.7 | 49.4 |
| 4　KDDI | 592 | 292 | 300 | 50.7 | 45.8 | 92.9 |
| 5　ホンダ | 581 | 330 | 251 | 43.1 | 29.8 | 52.5 |
| 6　ソフトバンクG | 506 | 406 | 100 | 19.8 | 83.0 | 103.4 |
| 7　三井物産 | 396 | 257 | 139 | 35.2 | 24.1 | 37.2 |
| 8　デンソー | 362 | 162 | 200 | 55.2 | 51.9 | 115.8 |
| 9　JT | 344 | 344 | 0 | 0.0 | 71.4 | 71.4 |
| 10　伊藤忠商事 | 331 | 231 | 100 | 30.1 | 28.9 | 41.3 |

注：金融、日本郵政除く。自社株買いは株主資本等変動計算書数値。配当
　　は、配当金総額。
出所：FactSet

（外国子会社からの配当除く、出所：国税庁）。

　ただし、2000年以降、数々の制度改正や資本市場改革によっ
て、企業の株主還元政策は大きく変わりつつある。株主還元額
は、2009年の6兆円から、2023年には29兆円に増加した（配当
は年度、自社株買いは暦年ベース）。ただし、株主還元に占める

配当の構成比は2012年度の81％から2023年度の70％へと緩やか
に低下しているものの、依然として配当中心である。

2023年度の株主還元額29兆円のうち、配当は20兆円（70％）、
自社株買い9兆円（30％）である。2023年度の株主還元額上位
（金融、日本郵政除く）には、トヨタ自動車、商社、通信、など
が並ぶ。これらは、配当と自社株買いがおおむね同程度のもの
が多い。自社株買い総額は2020年4.4兆円、2021年6.5兆円、
2022年9.2兆円と増加し、2023年は8.7兆円と若干減少した。

2017年の調査によると、日本企業は配当、自社株買いにより
ROE改善を強く意識する[28]。ROE改善は、自社株買いの意思
決定の際に重要視する指標の一つとなっている。また、外国人
投資家や機関投資家を惹きつけるために、配当や自社株買いを
決定するうえで重要であると答える企業も多かった。米国は好
業績であっても無配である成長企業（例：アマゾン）があるの
に対し、日本では成長企業が無配にすることは慣行として定着
していない。

## ■ 日本の経営者報酬は現金主体

日本企業の経営者の報酬は上昇傾向にあるが、国際的には水
準が低い。しかも、2024年3月期の役員報酬上位10人のうち5
人が外国人である。外国人を含めると、ソフトバンクＧのレ
ネ・ハース取締役が1位であり、歴代10番目の34.5億円であ
る。次いで、ソニーＧの吉田憲一郎取締役代表執行役会長

---

28　鈴木健嗣、芹田敏夫、花枝英樹「企業のペイアウト政策：再サーベ
イ調査による分析」（経営財務研究 Vol. 38、No.1-2、2018年）49～74頁

図表 4 - 6　2024年 3 月期の役員報酬上位10名（外国人を除く）

| | 氏名 | 役職 | 社名 | 報酬額（億円） |
|---|---|---|---|---|
| 1 | 吉田憲一郎 | 取締役代表執行役会長CEO | ソニーG | 23.4 |
| 2 | 豊田章夫 | 代表取締役会長 | トヨタ自動車 | 16.2 |
| 3 | 十時裕樹 | 代表執行役社長COO兼CFO | ソニーG | 14.6 |
| 4 | 河合利樹 | 代表取締役社長CEO | 東京エレクトロン | 13.8 |
| 5 | 宮川潤一 | 代表取締役 社長執行役員兼CEO | ソフトバンクG | 12.8 |
| 6 | 出沢剛 | 代表取締役社長CEO | LINEヤフー | 11.2 |
| 7 | 岡藤正弘 | 代表取締役会長 会長執行役員CEO | 伊藤忠商事 | 10.0 |
| 8 | 出木場久征 | 代表取締役社長 兼CEO | リクルートホールディングス | 9.1 |
| 9 | 宮内謙 | 元会長 | ソフトバンクG | 8.4 |
| 10 | 今井康之 | 取締役会長 | ソフトバンクG | 7.6 |

出所：東京商工リサーチ、日本経済新聞

CEOが23.4億円（前年20.8億円）、武田薬品工業のクリストフ・ウェバー代表取締役社長が20.8億円で続く。

　報酬額 1 億円以上の役員は811人で、前年（722人）を超えて最多を更新した[29]。開示人数の最多は日立製作所の34人（前年20人）で、次いで、三井住友フィナンシャルグループ17人（前年 6 人）、伊藤忠商事14人（同14人）、MUFG14人（同 9 人）と、

上位 2 社は大幅に開示人数が増えた。

売上高 1 兆円以上の企業における社長・CEOの報酬総額水準は、中央値で1.2億円である（2023年度、非上場企業含む1,231社、前年比10%増加、出所：デロイト トーマツ グループ）[30]。変動報酬構成比は46%であった。なお、時価総額上位100社かつ売上高等 1 兆円以上の企業76社を対象とした調査では、2.7億円（中央値、2022年度）である[31]。

短期インセンティブ報酬を導入している企業の割合は73.7%で、報酬の種類は「損金不算入型の賞与」が最も多い。株式関連報酬（長期インセンティブ報酬）を導入している企業の割合は76.8%である。プライム上場企業の場合、88.8%が導入している。このうち、譲渡制限付株式は32.6%を占める。

## ▌日本企業の内部留保に対する誤解

「日本企業は不必要に余剰資金を保有している。したがって、株主還元を増やすべき」という見解が多く見受けられる。たしかに、日本企業全体として内部留保は大きいが、決して現金が余剰なわけではない。なかには、「内部留保＝純現金」といった誤解があるようである。内部留保は増えているのは事実だが、巨額の有利子負債を抱えており、全体として、現金が余

---

29　東京商工リサーチ「2024年 3 月期決算 上場企業「役員報酬 1 億円以上開示企業」調査」（2024年 6 月28日）、日本経済新聞「役員報酬 1 億円以上、811人12%増え最多　好業績や株高を反映」（2024年 7 月 5 日）

30　デロイト トーマツ グループ「『役員報酬サーベイ（2023年度版）』の結果を発表」（2023年11月20日）

31　前掲・注18と同じ

第 4 章　バリュエーションを高める財務戦略　137

剰であるという事実はない。むしろ、純債務は増加している。

　内部留保とは、会計原則上も、法的にも、正確な定義はないものの、一般に、貸借対照表における利益剰余金を指すことが多い[32]。利益剰余金は、いわゆる留保利益であり、企業が生み出した利益を積み立て蓄積したもので、貸借対照表の純資産の部に計上される。

　法人企業統計によると、日本企業の内部留保は555兆円、現預金295兆円である（2022年度末、金融・保険業除く）。1990年代までは、両者の金額は同水準であった。しかし、その後、内部留保ほど現預金は増加していない。日本企業の純債務は1998年

図表４−７　日本企業の内部留保、現預金と有利子負債の推移

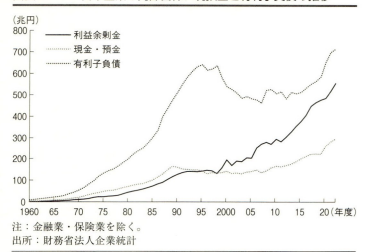

注：金融業・保険業を除く。
出所：財務省法人企業統計

---

[32] 岩瀬忠篤、佐藤真樹「法人企業統計からみる日本企業の内部留保（利益剰余金）と利益配分」（ファイナンス、2014年7月号）87〜95頁

度の502兆円をピークとして、2015年度には313兆円まで減少した。

近年、有利子負債は増加に転じており、過去10年間（2012〜2022年度）で233兆円増加した。2022年度末で、有利子負債が715兆円あるために、純債務は419兆円である。

このように、日本企業は全体として巨額の負債を抱えており、現金が余っているという事実はない。ちなみに、時価総額1位トヨタ自動車の純負債は25.1兆円である。ただし、日本企業全体では純負債であり、純負債は増加しているが、個別には純現金残高が大きい企業は少なくない。

高収益企業が投資や株主還元を十分に行わず、過度に現金をため込む傾向がある。たとえば、キーエンスの自己資本比率は94.7％であり、純現金残高1.1兆円もある。東京エレクトロンは71.1％、4,725億円である。純現金残高（2023年度、金融・日本郵政除く）は、1位任天堂2.3兆円、2位信越化学工業1.7兆円、3位リクルートホールディングス1.1兆円である。もちろん、景気や市況変動に備える必要はあるものの、これらは必要以上に保有しているようにみえる。

中外製薬（84.1％）、信越化学工業（82.7％）、任天堂（82.6％）、HOYA（80.4％）などの優良企業は、自己資本比率が著しく高い。キーエンス、中外製薬の総還元性向は50％以下であり、これらの自社株買いはゼロ、もしくはきわめて少額である。

かつて、銀行を中心とする間接金融が主体であったため、借入金が大きいことが経営のリスク要因であるとされてきた。バブル崩壊後、金融危機時に、ダイエー、カネボウ、大京などの

第4章　バリュエーションを高める財務戦略　139

図表4－8　純現金残高上位10社（2023年度）

| 上位10社 | 純現金<br>（10億円） | 総還元性向<br>（％） | 自社株買い<br>構成比（％） |
|---|---|---|---|
| 1　任天堂 | 2,253 | 50.1 | 0.0 |
| 2　信越化学工業 | 1,695 | 59.2 | 35.0 |
| 3　リクルートホー<br>　　ルディングス | 1,135 | 72.4 | 85.5 |
| 4　キーエンス | 1,133 | 19.7 | 0.0 |
| 5　第一三共 | 1,122 | 47.8 | 0.0 |
| 6　中外製薬 | 739 | 40.4 | 0.0 |
| 7　SUBARU | 649 | 31.1 | 33.4 |
| 8　ネクソン | 597 | 123.9 | 90.3 |
| 9　村田製作所 | 574 | 54.3 | 0.0 |
| 10　セコム | 558 | 82.5 | 52.3 |

注：2024年6月末時点。金融、日本郵政除く。自社株買い株主資本等変動
　　計算書数値。配当は、配当金総額。
出所：FactSet

過剰債務の大型企業が経営破綻した。こうして、無借金経営が
肯定的に評価される時期があった。しかし、コーポレートファ
イナンスにかかわる知識や株主重視の浸透により、徐々に自社
株買いを中心とする株主還元の重要性が理解されつつあるよう
である。

## ■ 小括：株主還元と成長戦略のバランスが重要

　日本でも、キャッシュ・フローを長期的に大きく増加させる

企業が増えてきた。そして、投資家との対話が求められるなかで、企業は株主からROE向上を要求されることが少なくない。しかし、過度な自社株買いや配当は、企業の縮小均衡策につながりかねない。そこで、まず、投資を積極的に行い、余った資金で自社株買いを中心に株主還元することが望ましい。これら戦略を策定し、かつ実行する責任者がCFOである。

ただし、日本では、CFOが定着したのが2010年代以降のことであり、いまもなおCFOの役割が定まっているとはいえない。たとえば、多くの企業では、経営戦略立案は経営企画担当役員、株主総会運営は総務担当役員の業務であり、CFOの担当ではない。米国では、これらはいずれもCFOの管轄である。

戦後、1990年代頃まで、株主総会では、総会屋が跋扈した時期があった。総会屋のなかには反社会的勢力と結びついたものも少なくなく、その対策には財務戦略とは大きく異なる能力や知識が必要であった。このため、当時、総会屋対策は、総務部の業務とされることが一般的であった。

その名残から、現在でも、総務担当役員が株主総会を担当する企業が多い。しかし、いまでは、総会屋がほとんどいなくなったので、総務担当役員が株主総会運営を担当する理由はほとんどない。近年、純粋な投資家であるアクティビストが株主総会で発言することがあり、彼らは経営者に対して資産売却や増配などを要求してくることが多い。これらの対応は、CFOの重要な業務であるため、株主総会運営はCFOが担当することが望ましい。

日本では、日本経済団体連合会（経団連）や業界団体の影響

第4章　バリュエーションを高める財務戦略　141

力が強い。これらは、業界の発展を目指す活動をすると同時に、政府に対して、税制、補助金、規制、そして経営者の叙勲などに関して企業の要望を伝える機関でもある。多くの場合、業界団体の活動を担うのは経営企画担当役員の業務であることが少なくない。よって、業界活動に熱心な会社は経営企画担当役員が比較的強い権限をもつ。

さらに、日本では多くの企業が中期経営計画を策定するが、その責任者は経営企画担当役員であることが多い。しかし、財務指標などのKPIは、本来、CFOが中心となって決めることが望ましい。

このように、CFOの役割はたいへん重要である。しかし、年功序列、終身雇用制が根強く残っているため、大企業のCFOの多くは内部登用であって、必ずしもプロのCFOではない場合がある。このように、日本企業の財務戦略を構築する組織、人材は改善の余地がある。結論として、財務戦略構築力向上のために、CFOの役割の確立と能力向上が期待される。

第 **5** 章

# 株価を上げるインベスター・リレーションズ戦略

# パッシブ運用が牽引する世界の資産運用業界と運用会社

## ▎IRとは何か

　ファンダメンタルズを固め、エクイティストーリーが完成したのであれば、次は、それらをいかに投資家に届けるかという戦略が重要である。これがインベスター・リレーションズ（IR）戦略である。

　日本IR協議会によると、IRとは、「企業が株主や投資家に対し、投資判断に必要な企業情報を、適時、公平、継続して提供する活動のこと」をいう[1]。NIRI（米国IR協会）は、「企業の証券が公正な価値評価を受けることを最終目標とするものである」と定義する[2]。

　IRを行う対象は、主に、株主や債券保有者および潜在的な投資家であり、個人投資家、国内機関投資家、海外機関投資家、債権者、アナリストなどである。IR活動には、有価証券報告書などの法定開示、決算短信などの適時開示のほかに、統合報告書、中期経営計画などの自主開示もある。IRイベントとしては、決算説明会、会社説明会、個別テーマ（ESG、経営方針、個別事業等）説明会、施設見学会、アナリスト・機関投

---

1　日本IR協議会ウェブサイト〈IRライブラリ／IRとは・IR用語集〉（2024年8月30日閲覧）
2　NIRIウェブサイト〈About NIRI〉、日本IR協議会〈IRライブラリ／IRとは・IR用語集〉（2024年8月30日閲覧）

資家とのスモールミーティング、個別のミーティングなどがある。

　日本企業で最初にIR活動を始めたのは、米国でADR（米国預託証券）を発行したソニー（1961年）、1977年にNYSEに上場したホンダ（1962年）などである[3]。日本IR協議会の調査（2024年）によると、全回答（上場）企業1,039社のうち、IR活動を実施しているのは97.4％であり、49.1％が独立したIR部署を有する[4]。

　IRの類似用語として、シェアホルダー・リレーションズ（SR）がある。SRは、主に、株主総会の運営、議決権行使、株主へのアプローチなど、株主に関する対応が主な業務である。米国では、CFOがIRとSRを管轄し、担当部署は同じであることが多い。上場会社に対して、SR支援会社は、株主判明調査、株主保有状況分析、アクティビスト対応、敵対的買収防衛、議決権行使勧誘などのサービスを提供する。

　パブリック・リレーションズ（PR、広報）は「社会一般企業の商品や活動などを広く知らせイメージアップを目的とする」であるのに対し、IRは「株主・投資家などに投資判断に関係する企業情報を、良し悪しに関わらず継続して発信するもの」である[5]。

---

3　荒竹義文「IR（インベスター・リレーションズ）活動の体系化に関する考察」（社会構想研究第4巻第1号、2022年9月）45〜55頁
4　日本IR協議会「第31回IR活動の実態調査」（2024年5月）
5　経済広報センターウェブサイト〈企業広報プラザ／企業広報の基本／IRと広報〉

## ■ 世界の多様な機関投資家

　代表的な機関投資家として、年金基金、ソブリン・ウェルス・ファンド（SWF、政府系ファンド）、公的資金（ゆうちょ銀行、かんぽ生命など）、保険会社、銀行などのアセットオーナー、投信会社、投資顧問会社などのアセットマネージャーである。

　近年、①ヘッジファンド（例：シタデル、ブリッジウォーター、ミレニアム）、②プライベートエクイティ・ファンド（PEファンド、ブラックストーン、KKR、アポロ・グローバル）、③アクティビスト・ファンド（エリオット・マネジメント、TCI、サード・ポイント）が大きく成長している。これらによる運用商品を、代替投資（オルタナティブ）と呼ぶ。

　テクノロジーの進化、ITコストの低下、証券取引所の執行能力の向上などの理由により、2010年代以降、ETFやヘッジファンドが大きく成長した。また、不動産投資信託（REIT）や、不動産に投資するPEファンドが成長している。

　資産運用会社は、上場株式や債券の運用に強い企業と、非上場株式に強い企業とに大別される。前者の成長力は相対的に低い傾向にある。過去10年間の資産運用業界の構造変化の特徴は、①株式のパッシブ運用の成長、②代替投資（PE、ヘッジファンドなど）の成長、③アクティブ運用の衰退、である。その結果、資産運用業では、低付加価値だが圧倒的な量を追求するパッシブ運用と、資産額は限られるものの付加価値が高い代替投資の両極が大きく成長している。その中間に位置する一般

的なアクティブ運用は衰退している。

　世界的に株式運用のパッシブ化が進み、アクティブ運用資産は大きく減少している。米国の公募投信純資産額上位10本はすべてインデックス・ファンドである。2023年までの10年間に、米国のパッシブ型株式投信とETFに約350兆円（新規投資・配当の再投資含む）が流入し、国内のアクティブ型株式投信からは約360兆円の資金流出が起こった[6]。

　一般に、アクティブ運用は運用報酬や売買取引コストが高く、その分、運用成績が悪化しやすい。特に、2010年代以降、株式市場が巨大化したため、流動性の制約から売買取引コストが高くなりがちである。一方で、情報通信の能力向上とコスト低下によって、パッシブ運用の性能が向上した。

　米国を中心にパッシブ運用であるETFが大きく成長している。ETFの資産は、2013年末の320兆円から2023年末の1,610兆円へと増加した（出所：ETFGI）。パッシブ運用のファンドは、運用報酬引下げ競争が激しく、S&P500連動の投信やETFの報酬率は年3ベーシス前後が多い。世界最大のETFであるSPDR（ステート・ストリートのS&P500連動ETF）の経費率は9ベーシスである。ただし、資産は68兆円もあるので、年間収入は640億円である。

　世界の運用資産額上位は、ブラックロック、バンガード・グループ、フィデリティと、米国のパッシブ運用会社が続く（2022年末）。世界最大の運用会社であるブラックロックの時価

---

6　ICI, "2024 Investment Company Fact Book", May 2024

総額は17兆円、純利益は7,700億円である（2023年度）。これら独立系運用会社が上位を占め、一方、大手金融機関系の運用会社の地位は低下した。

ブラックロックはETF、バンガード・グループは公募投信に強みがある。両社の資産の増加額が3位以下を大きく上回る。これまでアクティブ運用中心であったフィデリティもパッシブ運用が中心になりつつある。これらは、議決権行使においては影響力が大きいので、上場企業のIR担当者はこれらの運

**図表5-1　世界の運用会社総資産額過去10年増加額上位10社（2022年末）**

| 上位10社 | 国 | 資産（兆円） | 増加額（兆円） |
|---|---|---|---|
| 1　バンガード・グループ | 米国 | 1,015 | 705 |
| 2　ブラックロック | 米国 | 1,203 | 672 |
| 3　フィデリティ・インベストメンツ | 米国 | 512 | 247 |
| 4　ゴールドマン・サックス | 米国 | 357 | 237 |
| 5　ステート・ストリート・グローバル | 米国 | 487 | 195 |
| 6　JPモルガン・チェース | 米国 | 387 | 187 |
| 7　アムンディ | フランス | 284 | 150 |
| 8　キャピタル・グループ | 米国 | 305 | 144 |
| 9　ヌビーン | 米国 | 153 | 122 |
| 10　UBS | スイス | 258 | 118 |

注：総資産上位50社対象。1ドル140円で換算。
出所：Thinking Ahead Institute, Pensions & Investments

用会社の議決権行使担当者と十分なコミュニケーションをとることが望ましい。

アクティビスト・ファンドは規模こそ小さいものの、これらが厳しく企業経営をチェックする。さらに、議決権行使アドバイザーの影響力が高まっており、議決権行使の活発化が企業経営に対して大きな影響を与えている。

## ■ 急成長するPEファンドとヘッジファンド

世界の上場運用会社の時価総額上位10社のなかで、PEファンドが7社を占める。時価総額1位は、世界最大のPE運用会社であるブラックストーンである。過去10年間に、ブラックストーンの時価総額は10.3倍になった（S&P500の上昇倍率は2.4倍）。そして、その規模は他のPE運用会社を圧倒的に上回る。同期間に、世界最大の上場株式の運用会社であるブラックロックの時価総額は2.3倍にとどまる。

ブラックストーンは2007年にオフィスビルREITを買収し、不動産業務に本格進出した。現在、世界最大の不動産投資家であり、2023年のセグメント利益では不動産が40%を占める。ただし、PEファンドは非上場株式が主たる投資先なので、IRの対象にはなりにくい。

IRの対象として重要性を増しているのがヘッジファンドである。ヘッジファンドは、①個別銘柄に投資するロングショート、②株式のみならずデリバティブ、通貨、コモディティなど幅広く投資するグローバルマクロ、③現物と先物のアービトラージなど、さまざまなスタイルがある。投資期間が短く、売

第5章 株価を上げるインベスター・リレーションズ戦略 149

買回転率が高いため、株式市場に占める売買のシェアが高い。このため、株式市場に対して大きな影響を与えることが多く、IRの対象として、重要性が高まりつつある。

　平時において、パッシブ運用の場合、個別銘柄に対する影響

図表５－２　先進国上場運用会社時価総額上位10社（PE太字）

| 2013年末 | 国 | 時価総額（兆円） | 2023年末 | 国 | 時価総額（兆円） |
|---|---|---|---|---|---|
| 1　UBSグループ | スイス | 10.2 | ブラックストーン | 米国 | 22.2 |
| 2　ブラックロック | 米国 | 7.5 | ブラックロック | 米国 | 16.9 |
| 3　フランクリン・リソーシズ | 米国 | 5.1 | UBSグループ | スイス | 15 |
| 4　インベスター | スウェーデン | 3.7 | KKR | 米国 | 10.3 |
| 5　**ブルックフィールド** | **カナダ** | **3.3** | インベスター | スウェーデン | 9.9 |
| 6　Ｔロウプライス・グループ | 米国 | 3.1 | ブルックフィールド | カナダ | 8.8 |
| 7　リーガル・アンド・ゼネラルグループ | 英国 | 3.1 | アポロ・グローバル・マネジメント | 米国 | 7.4 |
| 8　インベスコ | 米国 | 2.3 | パートナーズ・グループHD | スイス | 5.4 |
| 9　**ブラックストーン** | **米国** | **2.1** | アレス・マネージメント | 米国 | 5.1 |
| 10　グループ・ブリュッセル・ランバート | ベルギー | 2.1 | EQT | スウェーデン | 4.9 |

注：１ドル140円で換算。2023年末時点の上場企業対象。
出所：FactSet

はほとんどない。主要な株価指数は、定期的に（年に一度が多い）構成銘柄の入替えが実施される。その際に、ヘッジファンドは、新規に組み入れられそうな銘柄を前もって買い、指数から外れそうな銘柄を売るといったアービトラージをする場合がある。

## ▌世界の主なアセットオーナー

アセットオーナーとしては、年金基金とSWFが大きい。年金基金のなかでは、年金積立金管理運用独立行政法人（GPIF）が世界最大の資産をもつ。SWFは、シンガポール政府投資公社（GIC）やサウジアラビアなどの中東の政府が運用するファンドの資産額が大きい。

GPIFは、厚生年金と国民年金の積立金を管理・運用する組織である。2024年3月末時点の運用資産は246兆円である。1961年に、年金福祉事業団として設立され、2006年以降、運用業務に特化している。

GPIFの日本株保有額は61.5兆円（資産構成割合24％、2024年3月末時点）、パッシブ比率は96％である。他の大手年金基金もこれに近い資産構成であると思われる。日銀は、ETFの保有残高は時価で74.5兆円である（簿価37.2兆円、2024年3月末）であり、これらはすべてパッシブである。

ノルウェー政府年金基金（"グローバル"）は、2023年末現在の運用資産は約220兆円である。資金の源泉は主として国営石油・ガス会社からの利益・税収である。1990年に政府石油基金を母体に設立され、2006年に政府年金基金となった。石油が将

第5章　株価を上げるインベスター・リレーションズ戦略　151

来枯渇することに備えて、石油収入を積み立てている。資産組入比率は、株式70.9％、債券27.1％、不動産1.9％などである。

GICは、シンガポールの外貨準備を運用しており、シンガポール金融管理局（MAS）、テマセク（シンガポール政府の投資会社）と並ぶ三つの投資機関の一つである。シンガポールの国際的な購買力を維持・強化する目的で、長期的な投資活動を行っている。運用資産は120兆円である（Global SWF推計）。

## ■ 日本の投資家の区分

株式売買の中心は海外投資家であり、2023年の委託売買の67.6％を占める（2024年3月末の保有構成比率は31.8％）。このため、海外投資家が大量に買うと株価は大きく上昇する傾向がある。ITバブル時の1999年に海外投資家が9.1兆円買い越してTOPIXは58.4％上昇した。小泉純一郎首相（当時）が郵政解散で歴史的な勝利をした2005年には10.3兆円買い越して43.5％上昇した。アベノミクスが始まった2013年には15.1兆円買い越して51.5％上昇した。

東証の投資部門別売買状況の区分によると、投資家は、個人、海外投資家、証券会社、法人（投資信託、事業法人、その他法人等、金融機関）で、金融機関の内訳は、生保・損保、都銀・地銀等、信託銀行、その他金融機関で構成される。

金融商品取引法上の行為規制の区分として、一般投資家と特定投資家に分けられる。適切な利用者保護とリスク・キャピタルの供給の円滑化を両立する観点から創設された制度で、特定投資家は一般の投資家では投資することができない幅広い有価

証券に投資を行うことができる。一般投資家に移行不可な特定投資家として、適格機関投資家、国、日本銀行があげられる。

適格機関投資家とは、有価証券に対する投資に係る専門的知識および経験を有する者として内閣府令で定める者を指す（金融商品取引法2条3項1号）。証券会社、銀行、保険会社、投資顧問会社、投信会社、年金資金運用基金などが該当する。

## ■ 自社の株主構成の把握

自社の株主構成を把握するためには、実質株主を把握することが不可欠である。株式会社は、会社法121条により、株主名、住所、保有株式数、株式取得日等を記載・記録した株主名簿の作成を義務づけられる。日本で把握できる株主は、株主名簿に記載される名義株主であり、社債、株式等の振替えに関する法律（振替法）151条に基づき証券保管振替機構より、総株主通知として年に2回もしくは4回通知される。

しかし、株主名簿では把握できない実質株主が存在する。株主名簿に載るグローバル・カストディアン（証券保管銀行）や信託名義人の裏には実質株主が存在する。実際の投資決定や議決権行使の決定権限は、株主名簿に記載されている者とは異なることが多い。

実質株主を自社で把握するのは困難であるため、①実質株主判明調査、②大量保有報告書、③管理信託銀行等が提出する免税登載申請書、の三つの調査方法がとられる[7]。IR支援会社等

---

7　経済産業省「新時代の株主総会プロセスの在り方研究会報告書」（2020年7月22日）36～37頁

の第三者に実質株主判明調査を委託するケースが多い。これにより、個別株主（機関投資家）の名前、国、株式保有状況、投資スタイル等を把握し、IR活動、議決権行使の促進に利用し、潜在的な買収者、アクティビストの脅威を評価・分析することが可能となることがある。IR協議会の調査（2024年）によると、IR支援会社の利用サービス内容のうち、株主判明調査の利用率は50.1%（2020年62.6%）、年平均費用は436.5万円である[8]。

大量保有報告書（金融商品取引法27条の23）を通じて把握する方法もある。株券等保有割合が5％を超えている者を「大量保有者」といい、報告書の提出義務を負う。保有割合が1％以上増減した場合、変更報告書が提出される。大量保有報告書には、「純投資」「政策投資」「重要提案行為等を行うこと」等の保有目的が記載される。さらに、管理信託銀行等が提出する免税登載申請書の記載により、実質株主名と配当基準日時点の株式数を株主総会前に把握することが可能である。

米国においても、ストリート・ネーム（実際の株主ではなく証券会社や預託機関等の名義）で保有されているため、株主を把握する作業を行う必要がある。証券取引所法により、一任運用資産が1億ドル以上の機関投資家は、フォーム13Fを、毎四半期、保有銘柄、銘柄の種類（クラス）、保有株数、公正価値を提出する必要がある。海外機関投資家分は、ストック・ウォッチ、ストック・サーベイランスなどと呼ばれる株主判明調査を

---

8　IR協議会「第31回IR活動の実態調査」（2024年5月）

依頼する[9]。

大量保有報告書制度（1934年証券取引所法13条(d)項、(g)項）により、5％以上の保有株主を把握することも可能である。ただし、資産運用のパッシブ化により、米国では、コストをかけてまで実質株主判明調査を行う必要性はそれほど大きくないという[10]。

EUでは、2017年に成立したSRD II（第2次株主権指令）により、EU加盟国において会社が議決権の一定割合以上を保有する株主を特定する権利を付与される（同3a条）。会社の求めに応じて、仲介機関が遅滞なく株主を特定する情報を伝達しなければならない。2017年当時、28カ国中14カ国（英国、フランス、スペイン、オランダ等）では、実質株主を法的に特定する制度が存在していた[11]。

英国では、上場企業は株式保有の調査権限を付与されており、一定程度、実質株主を明らかにすることが可能である。1976年に、制度化された（会社法793条）[12]。調査の結果得られた実質株主の情報は株主名簿に反映する必要がある（同808条）。

---

9　高山与志子「国際化するIR―日米企業におけるIR（株主判明調査・ターゲティング・海外IR）の比較」（資本市場／資本市場研究会、No.236、2005年4月）23〜39頁

10　公益社団法人商事法務研究会「令和元年度産業経済研究委託事業（持続的な企業価値の創造に向けた企業と投資家の対話の在り方に関する調査研究）（株主総会に関する調査）成果報告書」（2020年3月13日）42頁

11　ESMA, "Report on shareholder identification and communication systems", April 5, 2017

12　金融庁「参考資料」（第5回金融審議会公開買付制度・大量保有報告制度等ワーキング・グループ資料2、2023年11月1日）

第5章　株価を上げるインベスター・リレーションズ戦略　155

## ■ 高まる議決権行使の重要性

　歴史的に、議決権行使にかかわる制度は、大きく変遷してきた。米国では、1988年の労働省のエイボンレターにより、機関投資家による議決権行使が事実上解禁された。同時期に、公的年金による議決権行使が活発になった。

　運用金額が巨大化するにつれ、運用資産の大部分をインデックス・ファンドに投資するパッシブコア戦略が普及し始めた。この場合、経営のよくない会社であっても保有せざるをえないことが一般的である。このため、公的年金はこれらに対してガバナンスを改善させる行動を起こす必要が生じた。1990年代以降、カリフォルニア州職員退職年金基金（カルパース）などが企業に対してエンゲージメントを行うようになった。近年、その主役は、カルパースからニューヨーク市年金基金（NYCRS)に移っている。

　米国の公的年金は、訴訟、株主提案、委任状勧誘を積極的に活用する。また、アクティビスト・ファンドと提携することがある。

　2003年に、SECに登録義務のある投資顧問業者は、議決権行使政策と議決権行使結果を開示することとなった[13]。これは、投資家などが運用会社の議決権行使を監視することを促し、議決権行使が活性化した。

---

13　SEC, "Proxy Voting by Investment Advisers" (Action: Final Rule),
　　17 CFR Part 275, [Release No. IA-2106, File No. S7-38-02], RIN 3235-
　　AI65, February 11, 2003

インデックス・ファンドの収益性は低いため、運用会社が議決権行使に割ける人員は限定的である。そのため、パッシブ運用会社や年金基金は、ISS（米国議決権行使助言会社、1985年設立）やグラス・ルイス（2003年設立）などの議決権行使アドバイザーの助言を重視して、議決権を行使するようになった。

現在、ISSとグラス・ルイスの2社が議決権行使アドバイザーの市場を寡占している。両社の推奨に基づいて投票（Robovote）する機関投資家の資産は700兆円以上である[14]。それらの86％がISS、14％がグラス・ルイスを使う（対象：114投資家）。

2014年に、SECは投資顧問業者の議決権行使に関するガイダンスを公表した。投資顧問業者は、契約している議決権行使アドバイザーやスタッフの能力や適性、利益相反について、継続して監視するよう求めている[15]。

米国では、議決権行使結果の開示義務や株主権の強化などによって、株主が企業経営により強く関与できるように制度改革が実施された。こうして、2010年代に、アクティビスト・ファンドや年金基金が株主提案や訴訟などを交えて、経営に深く介入するようになった。

パッシブ化が進んだ結果、ブラックロック、バンガード・グ

---

14　Paul Rose, "Proxy Advisors and Market Power: A Review of Institutional Investor Robovoting", Harvard Law School Forum on Corporate Governance, May 27, 2021

15　SEC, "Proxy Voting: Proxy Voting Responsibilities of Investment Advisers and Availability of Exemptions from the Proxy Rules for Proxy Advisory Firms"（Action: Publication of IM/CF Staff Legal Bulletin), Staff Legal Bulletin No. 20（IM／CF), June 30, 2014

ループ、ステート・ストリートはS&P500構成銘柄の合計21％を保有し（2023年末時点、出所：FactSet）、これら３社の議決権行使は大きな影響を与える。

また、ISSやグラス・ルイスの影響力も高まった。アクティビストの提案であっても、合理的であれば、議決権行使助言会社が賛成を推奨することがある。その結果、少ない株式取得でアクティビスト活動が成功する例が増えてきた。

取締役会の多様性の重要性が高まっているため、女性の構成比が重要な議決権行使基準となっている。S&P500構成企業の取締役の33％は女性であり、すべての構成企業に女性取締役がいる（2023年、出所：Spencer Stuart）。

日本でも、2014年にスチュワードシップ・コード（SSコード）、2015年にコーポレートガバナンス・コード（CGコード）が導入された。これらにより、日銀やGPIFの資金を運用する機関投資家が議決権行使を積極化し、機関投資家が企業経営に対して影響を与える例が増えてきた。

日本でも、ISSは、2023年に取締役の多様性を議決権行使基準に追加した[16]。取締役会に女性取締役が一人もいない場合は、経営トップである取締役に対して反対を推奨する。グラス・ルイスは、プライム市場上場企業の取締役会には、最低でも10％以上（2026年の株主総会以降は20％以上）の多様な性別の取締役を求める。プライム市場以外の上場企業には最低１名以上の多様な性別の役員を求める。

---

16　ISS「2024年版日本向け議決権行使助言基準」（2024年２月１日施行）

議決権行使アドバイザーは、大手企業の取締役構成に対して大きな影響を与えている。信越化学工業は2021年度に最高益を更新したにもかかわらず、2022年の故金川会長の取締役選任議案の賛成率が64.2%と低かった。取締役11名がすべて男性であったことが原因であると思われる。同様の理由から、2023年に、キヤノン御手洗冨士夫代表取締役会長兼社長CEOの取締役選任議案の賛成率が50.6%であった。こうした事態を受け、2024年の株主総会で初の女性取締役が選任され、御手洗会長の賛成率は90.9%に上昇した。

## ■ 米国における議決権行使アドバイザーの規制

　議決権行使アドバイザーの影響力が大きくなっていることから、2020年に、SECは議決権行使アドバイスに関する規則を改定した[17]。議決権行使アドバイザーの賛否推奨が、委任状勧誘規制における勧誘に当たるとしたうえで、委任状勧誘規則の適用除外の要件が定められた。利益相反の開示、発行会社に対する助言内容の通知（顧客への通知時か事前通知）、株主総会前に発行会社の書面での反応を顧客に開示、詐欺禁止規定適用の明確化などが盛り込まれている。

　さらに、2022年に、SECは機関投資家向け議決権行使結果の開示規則を改正した[18]。議決権行使結果の開示（フォームN-PX）は、機械可読なXML形式への開示に移行することで、

---

17　SEC, "SEC Adopts Rule Amendments to Provide Investors Using Proxy Voting Advice More Transparent, Accurate and Complete Information", July 22, 2020

情報分析が可能となる。議決権行使および行使指図した株数、貸株により行使できなかった株数が開示される。貸株状況が開示されることで、貸株が機関投資家の議決権行使にどのような影響を与えているかを把握することが可能となる。さらに、ドッド・フランク法により求められる役員報酬決議（法的拘束力なし）の議決権行使結果の開示も追加された。

EUでは、2017年に成立したSRD II（第2次株主権指令）により、議決権行使アドバイザーの透明性の規定が加えられ、行動規範の策定が求められる。機関投資家は、重要な議決権行使の説明が求められるが、その際、議決権行使アドバイザーを参照したかについて説明が求められる（"comply or explain" 原則）。また、議決権行使アドバイザーは、利用している手法、モデル、情報源、助言の質を確保する手続、利益相反方針などの開示が義務づけられた。

英国において、議決権行使アドバイザーの役割は大きくない。これは、機関投資家の業界団体（投資協会、英国保険協会など）が議決権行使に関する類似の活動を行っているためである。議決権行使助言会社と業界団体の議決権行使基準はほぼ変わらないといわれる[19]。

---

**18** SEC, "SEC Adopts Rules to Enhance Proxy Voting Disclosure by Registered Investment Funds and Require Disclosure of "Say-on-Pay" Votes for Institutional Investment Managers", November 2, 2022

**19** 梅本剛正「なぜイギリスでは議決権行使助言会社の影響力がアメリカほど大きくないのか」（証研レポート第1729号、2021年12月）33～50頁

## ▎業績予想の開示

　米国における業績ガイダンスは、指標、手段、対象時期が企業によって異なる。業績ガイダンスは、年次報告書や四半期報告書、カンファレンスコール、法定開示前のプレスリリースなどで開示される。S&P500企業のうち、2024年第1四半期の決算発表シーズンにおいて、年度のEPSガイダンスを公表している企業は全体の54％であり、同第2四半期のEPSガイダンスを公表している企業は18％である[20]。

　予想数値はレンジの形式で公表されることが多いが、固定値や方向性の形式で公表される場合もある。対象時期も、年次、四半期、1年以上の長期があり、全米IR協会は、短期よりも長期のガイダンスを推奨している。2000年のフェア・ディスクロージャー（FD）規制[21]により、固定値よりも、レンジで予想を開示する企業が増えた[22]。FD規制は、アナリストや特定の株主に重要な情報を選択的に開示するのを阻止する制度である。

　1995年の証券民事訴訟改革法（PSLRA法）により、一定の注意書きを付すことで、業績予想の法的責任が問われなくなり、業績予想を開示する企業は増加した。PSLRA法は、証券関連

---

20　FactSet,“Earnings Insights”, May 17, 2024
21　SEC,“Fact Sheet: Regulation Fair Disclosure and New Insider Trading Rules”, August 10, 2000
22　Michael Tang, Paul Zarowin, Li Zhang,“How do analysts interpret management range forecasts？”, Accounting, Organizations and Society Vol. 42, April 2015, pp. 48-66

第5章　株価を上げるインベスター・リレーションズ戦略　161

のクラスアクションの濫用を防止するために制定され、訴訟の提起要件が厳格化された。

　日本では、実務上、事業年度の決算発表に際して、決算短信で、翌事業年度における売上高、営業利益、経常利益および親会社株主に帰属する当期純利益の予想値が開示される[23]。開示された予想値が一定の範囲で乖離した場合は、業績予想修正の適時開示が義務づけられる。2024年3月期の決算会社2,259社のうち96%が業績予想を開示している。

 ## 世界的な非財務情報開示の充実

### 非財務情報とサステナビリティ開示

　2010年代以降、欧州が、世界の非財務情報開示規制整備のリーダーになっている。とりわけ、国際的な会計制度設計において、非財務情報開示の充実化が図られている。

　非財務情報とは、財務以外の情報を指し、コーポレートガバナンス、ESG、企業の中長期的戦略、経営課題、知的財産などがあげられる。その代表格はCGコードだが、最近では、TCFD（気候関連財務情報開示タスクフォース）、ISSB（国際サステナビリティ基準審議会）、人的資本経営などに関連したものがある。

---

23　東京証券取引所「決算短信・四半期決算短信作成要領等」（2024年4月）

日本でも、有価証券報告書での非財務情報開示が義務化された。資本市場における情報開示の主な提供者は、上場企業を中心とする有価証券報告書発行企業であり、主なユーザーは株式や債券の投資家である。有価証券報告書の開示を強化することで、企業が株主や市場の圧力にさらされ、結果的に企業が開示項目に沿った経営を行うことが期待される。

　非財務情報の中心は、第一に、環境を中心としたサステナビリティである。これまで夏の気候が比較的過ごしやすかった欧州は、地球温暖化など気候変動に対して敏感である。EUでは、非財務情報開示指令（NFRD）、NFRDを改正した企業サステナビリティ報告指令（CSRD）により、域内で活動する大企業に対して、サステナビリティの問題の取組みに関して詳細な説明を企業に求める。

　経済活動に関しては、EU加盟国27カ国と英国、スイス、ノルウェーなど非加盟国が協調して動くことが多いため、欧州は世界的に政治力が強い。IFRS財団、その傘下のIASBとISSBの本部はロンドン、FSBの本部はスイスのバーゼルなどにある。その結果、欧州はIFRSに対して強い影響をもつ。

　2015年に、FSBによりTCFDが設置され、気候変動を中心とした開示が進展している。2019年に、日本でTCFDコンソーシアムが設立された[24]。世界のTCFDの賛同機関・者数4,925のうち、日本は国別で最多であり、全体の30.2%を占める（2位英国10.8%、3位米国10.3%、2023年11月24日現在）。

---

24　池田賢志「日本におけるTCFDへの取り組みの広がりとその意義、そして今後の展望」（資本市場第417号、2020年5月）4〜12頁

2021年に、IFRS財団がISSBを設立し、サステナビリティ開示基準を策定している。2023年に、サステナビリティ全般に関する基準（IFRS S1）と気候変動に関する基準（IFRS S2）を公表した。IFRSのサステナビリティ版であり、TCFDの枠組みに沿った開示を求める。IFRS S1とS2の早期適用は、2024年1月1日以降の事業年度から可能である。

日本では、サステナビリティ基準委員会が、公開草案を2024年3月に公表した[25]。①サステナビリティ開示ユニバーサル基準公開草案「サステナビリティ開示基準の適用（案）」、②サステナビリティ開示テーマ別基準公開草案第1号「一般開示基準（案）」、③サステナビリティ開示テーマ別基準公開草案第2号「気候関連開示基準（案）」の三つの基準で構成され、IFRS S1に相当する基準が、①と②であり、IFRS S2に相当するのが③である。2025年3月までに最終化される見込みである。

2020年に、米国では、SECがレギュレーションS-Kを改定し人的資本に関する開示を義務づけた[26]。また、米国のパリ協定復帰により、SECが気候関連開示の規則化を採択し、2025年12月期分の開示からの適用を予定している[27]。ただし、環境規制について、積極的な民主党と消極的な共和党が対立している。ドナルド・トランプ前大統領が2024年の大統領選挙で勝利した

---

25　サステナビリティ基準委員会「サステナビリティ基準委員会がサステナビリティ開示基準の公開草案を公表」（2024年3月29日）

26　SEC, "SEC Adopts Rule Amendments to Modernize Disclosures of Business, Legal Proceedings, and Risk Factors Under Regulation S-K", August 26, 2020

27　SEC, "SEC Adopts Rules to Enhance and Standardize Climate-Related Disclosures for Investors", March 6, 2024

ことから、再度、パリ協定から離脱し、気候関連開示は後退する可能性がある。

## ■ 欧州が主導する世界の女性活躍

　非財務情報の柱として、第二に、女性活躍があげられる。世界の女性の社会進出を主導するのも欧州諸国である。2024年ジェンダー・ギャップ指数（世界経済フォーラム）によると、アイスランドは15年連続１位である（146カ国対象）[28]。２位フィンランド、３位ノルウェー、５位スウェーデンと、上位を北欧諸国が占める。米国は43位であるが、日本は118位と先進国GDP上位20カ国で最低水準である。

　EUは、創設時から男女平等を基本原則と据え、その実現に取り組んできた[29]。2009年のリスボン条約（改正EU基本条約、憲法に相当）では男女平等の促進を規定し、それ以降、女性の社会進出の取組みが加速した。

　欧州で、女性活躍が早期に進んだ理由は、以下のとおりである。

　第一に、欧州は二度の世界大戦の主たる戦場となったことである。国家総力戦となった第一次世界大戦（1914〜1918年）では、多くの成人男性が戦地に駆り出されたため、女性が労働力として求められることが多かった。ただし、戦後、出征した男性が帰国し、多くの女性の職場を奪った。さらに、1930年代の

---

28　World Economic Forum, "Global Gender Gap Report 2024", 11 June 2024
29　EU MAG「男女平等社会を目指すEU」（2016年３月７日）

第５章　株価を上げるインベスター・リレーションズ戦略　165

世界恐慌で女性は職場を失った。しかし、再度、第二次世界大戦（1939〜1945年）は国家総力戦となったため、女性の労働が増加した。

第二に、北欧諸国では早期に福祉制度が整備されたため、女性が労働に従事しやすい環境になった。第一次世界大戦前から北欧では女性進出が本格化しており、女性参政権は1906年にフィンランド、1913年にノルウェーで認められた。

図表5－3　先進国GDP上位20カ国の世界ジェンダー・ギャップ指数（2024年）

| ジェンダー・ギャップ指数順位 | 国 | スコア | GDP順位 | ジェンダー・ギャップ指数順位 | 国 | スコア | GDP順位 |
|---|---|---|---|---|---|---|---|
| 2 | フィンランド | 0.875 | 18 | 17 | ポルトガル | 0.787 | 19 |
| 3 | ノルウェー | 0.875 | 16 | 20 | スイス | 0.785 | 11 |
| 4 | ニュージーランド | 0.835 | 20 | 22 | フランス | 0.781 | 5 |
| 5 | スウェーデン | 0.816 | 13 | 24 | オーストラリア | 0.780 | 8 |
| 7 | ドイツ | 0.810 | 2 | 28 | オランダ | 0.775 | 10 |
| 9 | アイルランド | 0.802 | 14 | 36 | カナダ | 0.761 | 7 |
| 10 | スペイン | 0.797 | 9 | 43 | 米国 | 0.747 | 1 |
| 12 | ベルギー | 0.793 | 12 | 49 | オーストリア | 0.743 | 15 |
| 14 | 英国 | 0.789 | 4 | 87 | イタリア | 0.703 | 6 |
| 15 | デンマーク | 0.789 | 17 | 118 | 日本 | 0.663 | 3 |

注：GDP順位は先進国の名目GDP2023年実績に基づく順位。
出所：世界経済フォーラム、IMF

スウェーデンは、中世、近代に、北欧全体を支配した時期があった。しかし、18世紀以降、度重なる戦乱で没落し、工業化が遅れた。19世紀後半の急激な工業化により都市部に人口が集中し、労働環境が悪化したため、社会民主運動が活発化した。こうした背景から、1889年には、労働者の権利を重視する社会民主労働党（社民党）が誕生した。社民党は1932年以降44年間にわたって政権を維持し、現在の社会保障制度などを築いてきた[30]。こうして、世界最高の福祉国家ができあがった。これが、北欧に女性進出を促すこととなった。

## ■ 男女格差の情報開示の制度

　EUでは、CSRDに基づく男女格差に関する開示事項として、性別従業員数（正社員、非正規等）、トップ・マネジメントの女性構成、年齢グループ別女性比率、男女賃金格差などがある。EUの賃金は、女性が男性よりも12.7％低い（2022年、出所：Eurostat）。2023年に成立した男女賃金格差透明化指令では、250名以上の労働者を有する企業に、自社ウェブサイトで男女賃金格差に関する情報開示が求められる（2027年6月適用）。

　2022年に、EUでは企業取締役のジェンダー・バランス指令が採択された[31]。これは、EU域内上場の大企業を対象に、

---

30　岡本英男「スウェーデン福祉国家の変容：「支援国家（enabling state）」という概念を手掛かりにして」（東京経済大学経済学会第281号、2014年）321〜353頁
31　European Commission, "Gender Equality: The EU is breaking the glass ceiling thanks to new gender balance targets on company boards", November 22, 2022

2026年6月末までに、非執行取締役の40％、全取締役の33％を少数派の性の者が占めるよう義務化するものである。

役員の男女格差是正策として、クオータ制が効果を表している[32]。2003年に、ノルウェーは世界で初めて女性役員のクオータ制を導入した（目標は40％）。ノルウェーの女性取締役比率は2002年の6％から2022年には43％に上昇した[33]。フランスでは2011年に上場企業等の取締役会および監査役会の女性比率をそれぞれ2017年までに40％、ドイツでは2015年に上場大手企業の監査役（取締役に相当）について同じく30％以上とすることが義務づけられた。英国は、クオータ制を義務づけてはいないが、ロンドン証券取引所のプレミアム・スタンダード市場上場企業は、多様性目標の達成度（女性取締役40％以上など）について年次財務報告書で報告することが求められる[34]。

こうした取組みによって、取締役の女性比率は、フランスが2010年の12％から2022年には45％、ドイツが13％から37％、英国が13％から41％と大きく上昇した。これらは、米国の31％、日本の16％を上回る。

米国では開示方法は、プリンシプル・ベース（原則主義）が採用され、開示内容は企業の裁量に委ねられる。S&P100企業について、多い開示事項は、人材開発、多様性・公平性・包摂

---

32　内閣府男女共同参画局「諸外国の経済分野における女性比率向上に係るクオータ制等の制度・施策等に関する調査」（共同参画第156号、2022年6月）2〜4頁
33　本文の各国女性取締役比率はOECDデータ
34　FCA, "Diversity and inclusion on company boards and executive management", Policy Statement PS22/3, April 2022

性（DE&I）、人材の採用・定着、従業員の報酬・福利厚生、多様性（性別）の定量統計などである[35]。なお、男女・人種・民族間の賃金格差を開示する企業は全体の17％と少ない。

たとえば、マイクロソフトの年次報告書（2023年6月期）での開示によると、女性管理職比率は29.1％、女性取締役比率41.7％である。米国内で女性の給与総額（未調整の中央値給与）は、男性の89.6％、米国外では86.2％である。米国内の人種的および民族的マイノリティの給与総額は白人従業員の89.9％であった。

## ■ 歴史的に日本は女性進出が遅れた

日本のジェンダー・ギャップ指数は、146カ国中118位と先進国で最低水準である。しかも、改善する兆しがあまりみえない。

日本は第一次世界大戦に参戦したものの総力戦ではなかった。初めて国家総力戦に突入したのが1937年に始まった日中戦争であり、その後の太平洋戦争において、女性と子供も工場労働に参加させられた。戦後、女性の社会進出は始まったものの、日本では法制度の整備が遅れた。

1985年に勤労福祉婦人法が改正され、男女雇用機会均等法が成立した[36]。1997年の改正男女雇用機会均等法（1999年施行）により、これまで努力義務であった採用・昇進・教育訓練等で

---

[35] Gibson, Dunn & Crutcher, "Form 10-K Human Capital Disclosures Continue to Evolve", November 21, 2023
[36] 厚生労働省「平成15年版働く女性の実情」（2004年3月）69〜110頁

第5章 株価を上げるインベスター・リレーションズ戦略 169

の差別が禁止規定になった。そして、2006年改正（翌年施行）では、男女双方の性別を理由とする差別的取扱いの禁止などが規定された。こうして、ようやく、法律が現在のかたちとなった。女性活躍の流れが本格化したのは2010年代の後半である。

女性活躍推進法または育児・介護休業法に基づき、有価証券報告書において、女性管理職比率、男性の育児休業等取得率および男女間賃金格差の開示が求められる。就業者に占める女性の割合は45.2％と諸外国と同水準であるが、女性管理職比率は14.6％と低い（米国42.6％、欧州は30〜40％、2023年）[37]。2023年3月期決算2,456社の女性管理職比率は平均9.4％（記載企業1,706社）である[38]。男女賃金格差の平均は71.7％（同1,677社）と、女性の賃金は男性より約3割低い。

東証は、プライム市場の上場企業について、女性役員比率を2025年までに1名以上、2030年までに30％以上選任する目標を示している。女性役員には、取締役、監査役、執行役に加えて、執行役員またはそれに準じる役職者を含むことができる。

## ■ 統合報告書とは何か

統合報告書は、財務情報と非財務情報を統合した報告書である。日本では、統合報告書を公表する企業が増えているが、これは日本独特の現象である。米国の大企業の発行は少なく、欧

---

[37]　内閣府男女共同参画局「男女共同参画白書 令和5年版」（2023年6月）

[38]　東京商工リサーチ「上場企業の女性正社員　賃金は男性より約3割低い　女性管理職比率は9.4％、ゼロ企業は76社」（2023年8月25日）

州でも、日本ほど盛んではない。

　2013年に、国際統合報告評議会（IIRC）は統合報告書の作成に係る指導原則や内容要素をまとめた国際統合報告フレームワークを公表した（2021年改定）。統合報告書は、統合報告（IR）フレームワークに従って作成されることが一般的である。年次報告書等の一部に記載される場合もある。

　フレームワークは、原則主義に基づいており、どのように情報を作成・報告するのかを定めた七つの指導原則、何を報告するかを定めた八つの内容要素を設けている[39]。現在は、IFRS財団が運営する。同じくIFRS財団傘下のISSBで策定されているIFRS S1は、IRフレームワークの概念を取り入れており、IFRS S1やIFRS S2で要求される情報を統合報告書に組み込むことも可能である。

　サステナビリティの取組み、開示を行ううえで、マテリアリティ（重要性、重要課題）を特定することが求められる。サステナビリティが企業の財務（投資家）に与える課題を「シングル・マテリアリティ」、ステークホルダーの観点から財務のみならず社会、環境に与える課題を加えたものを「ダブル・マテリアリティ」と呼ぶ。TCFDは前者の考え方であり、EUは後者の考え方を採用する。世界的には「ダブル・マテリアリティ」が主流になりつつある。

　米国では、年次報告書（フォーム10-K）の開示規定が充実しているので、時価総額上位企業のほとんどは統合報告書を公表

---

39　IIRC「国際統合報告　〈IR〉フレームワーク」（2021年1月）

しない。公表しているのは、アクセンチュア、フィリップ・モリス・インターナショナル、インテル、フォード・モーターなどである。

さらに、非財務情報であるESGレポートなどを任意で公表することが多い。たとえば、アップルはESG報告書、マイクロソフトは環境とサステナビリティの報告書を公表している。アルファベットは、複数の多様なESGにかかわる報告書を公表している。年次報告書以外にも、自社のウェブサイトで、写真や図表が豊富で比較的読みやすいアニュアルレポートを公表することは多い。よって、統合報告書を作成する必要性に乏しいと考えられる。

EUでは、年次報告書で、CSRDにより欧州サステナビリティ報告基準（ESRS）に基づいた開示が義務化される。そのため、任意開示で、財務情報と非財務情報を「統合」して報告書を作成する必要性は低い。欧州時価総額上位10社のうち、ノボノルディスク（デンマーク）、ノバルティス（スイス）、アストラゼネカ（英国）の3社が統合報告書を開示している。欧州で統合報告書を開示している企業は、2022年時点で600社前後である（出所：IFRS財団）。統合報告書という名で開示している場合もあれば、アニュアルレポートにIIRCのフレームワークを組み込んでいる場合も見受けられる。

## ▌日本では統合報告書が重視される

世界のなかでは、日本が統合報告書に対して最も積極的な国であると考える。時価総額上位10社中キーエンス以外の9社が

なんらかの名称で統合報告書を発行している。2023年時点で、日本企業は1,017社が自己表明型統合レポートを発行している（出所：企業価値レポーティング・ラボ）[40]。2017年には330社であったので、3.1倍の増加である。うち、統合報告フレームワークを参照したレポートは695本である。

KPMGの2023年調査では、統合報告書を公表する日本企業1,017社中880社がプライム上場企業であり、これは東証プライム上場企業時価総額の81％に相当する[41]。ただし、日本企業の統合報告書の情報の品質は、世界10カ国の国際比較で下位に属するとの調査報告がある[42]。

GPIFは、優れた統合報告書を選定し、評価している[43]。2024年に関し、国内株式の運用を委託している4機関以上の運用機関から高い評価を得た「優れた統合報告書」は、伊藤忠商事（6機関）、アサヒグループホールディングス（5機関）、日立製作所（5機関）などである。日経統合報告書アワードの参加企業数は、1998年の24社から2023年の475社に増加している。2023年は、コンコルディア・フィナンシャルグループ、東京応化工業、野村総合研究所の3社がグランプリに選ばれた。

---

40　企業価値レポーティング・ラボ「国内自己表明型統合報告書発行企業等リスト2023年版」（2024年2月8日更新）
41　KPMG「日本の企業報告に関する調査2023」（2024年4月）
42　Robert G. Eccles, Michael P. Krzus, and Carlos Solano, "A Comparative Analysis of Integrated Reporting in Ten Countries", SSRN March 2, 2019
43　GPIF「GPIFの国内株式運用機関が選ぶ「優れた統合報告書」と「改善度の高い統合報告書」」（2024年2月21日）

## ■ 統合報告書の利用者は少数の重要なステークホルダー

　世界の上場企業の情報開示量は大きく増加しているが、これらの膨大な情報を誰が使うのか、というのは大きな論点がある。統合報告書は、基本的に投資家のためにつくられる。ただし、年に一度程度しか開示されないのでタイムリーではなく、かつ一般的な情報を網羅することが多いので、証券の売買の判断にはさほど有用でないと考えられる。

　なかには、「ESG投資が拡大しているので、統合報告書によってこれらの投資家にアピールし、結果として、株価上昇が期待できる」という見方がある。しかし、最大の米国株ETFの純資産（SPDR S&P500 ETF）は69.8兆円であるが、米国最大のESGのETFであるiシェアーズ ESG Aware MSCI USA ETFの純資産額は1.9兆円にとどまる。アクティブ運用の投信も同様である。このように、ESG運用資産額は小さい。

　統合報告書の最大の問題点は、その量は多く、投資家がすべてを使いこなすのがむずかしいことである。2023年に日経225構成銘柄企業が発行した統合報告書の平均頁数は101頁である（出所：KPMG）。これを数百社読みこなすのは、現実的とは言いがたい。

　そのため、AIが統合報告書を読み込む運用会社も出てきた。生成AIの発達により統合報告書作成もAIに依存するようになるだろう。したがって、AIが書いた統合報告書をAIが読む時代が到来しつつあるようである。

174

これらを総合すると、世界的に資産運用のパッシブ化が進む
につれて、資産運用における統合報告書のニーズは減っていく
ものと思われる。ただし、それでも、以下の理由から、統合報
告書の発行にはおおいに意味があると考える。

　第一に、分厚い統合報告書を熱心に読むのは、その会社の大
株主、社員、顧客、取引先、金融機関などの重要なステークホ
ルダーであると考えられる。統合報告書は有価証券報告書より
もわかりやすく表現してある。さらに、非財務情報と財務情報
が統合されていると、便利である。専門知識がなくても読みや
すいため、わかりやすい統合報告書の作成は、多様なステーク
ホルダーを抱える企業にとって重要である。

　第二に、高品質で量の多い統合報告書を作成するためには、
経営トップを中心に全社をあげて作成する必要がある。このプ
ロセスを通じて、自社の考え方を整理し、組織全体に浸透させ
ることができる。

　第三に、パッシブ運用者であっても、議決権行使などにおい
て、統合報告書を参考にすることがある。これは、直ちに株価
を上げる効果はないが、中長期的にその企業のガバナンスや株
価などに大きな影響があると思われる。

　重要なステークホルダーにとってわかりやすい財務と非財務
の情報を網羅する統合報告書作成に注力することは企業価値向
上と株価上昇に貢献することが期待できる。

## ▌ 小括：投資家との対話は経営に役立つ

　ガバナンス改革に貢献する要因として、エンゲージメントは

第5章　株価を上げるインベスター・リレーションズ戦略　175

重要である。米国では、議決権行使や株主提案を含む株主と会社との対話がガバナンス改革におおいに貢献している。多くの世界的な大手アクティビスト・ファンドが活躍している。米国の大手運用会社の多くは独立系であり、ブラックロック、バンガード・グループ、フィデリティなどはその経営力に定評がある。ブラックロックのフィンクCEOの経営手腕はおおいに尊敬を集めている。

　一方、日本では大手独立系運用会社は少なく、ほとんどの大手運用会社は金融機関の系列である。このため、親会社出身者が経営幹部の多数を占める傾向がみられる。金融庁は日本の運用会社のガバナンスの問題点を厳しく指摘している[44]。運用会社は高コストのテーマ型投信を設定し、親会社や販売会社はその販売手数料を得ることが少なくないという。

　最近、大日本印刷、日本証券金融、ジャフコグループなど、アクティビスト・ファンドが株式を購入したことをきっかけに経営改革を実施し、株価が急上昇した例は多い（第1章参照）。日本の大手運用会社は、主要な企業すべてを対象にエンゲージメントを実施していると考えられる。しかし、多くの日本企業は、アクティビストの要求に対してはおおいに反応するものの、大手運用会社のエンゲージメントにはあまり興味を示さないようにみえる。

　筆者がサウンドする限り、日本の運用会社のエンゲージメントの評価はあまり芳しくない。上場会社の経営者からは、「運

---

44　金融庁「金融審議会　市場制度ワーキング・グループ顧客本位タスクフォース中間報告」（2022年12月9日）

用会社の議決権行使基準が画一的である」「エンゲージメント といっても、自社の基準ありきで、対話になっていない」と いった声がある。また、「日本の運用会社との対話は経営戦略 を考えるうえであまり役に立たないが、海外のファンドマネー ジャーとの対話は経営に役立つ」という意見がある。このよう に、日本の運用会社のエンゲージメント能力は改善の余地が大 きいといえる。

　IR担当者は、投資家との窓口となる。アクティビスト・ファ ンドを含む優れた運用者と経営者が建設的な対話を行うこと は、経営者が株価や市場を意識するいい機会となる。そして、 厳しい意見だからこそ、株価のみならず、会社の経営にプラス になることがある。投資家は優れたエンゲージメントを実行 し、企業は投資家の意見に謙虚に耳を傾けることが期待され る。したがって、前章で述べたようにCFOも重要であるが、 IR担当者の役割もたいへん重要である。

# 第6章

# 日本はアクティビスト天国、攻めやすく守りにくい

# 世界のアクティビズムの歴史と現状

## 世界のアクティビスト・ファンドは日本で活躍する

　日本は、欧米と比較してアクティビスト活動が容易な法体系をもつ。その結果、日本企業は、アクティビストからみて攻めやすく、企業側からみると守りにくい。

　一般的に、アクティビスト・ファンドが投資の対象とするのが、①過剰な現金や不要な資産を保有する、②コングロマリットや多角化事業をもつ、③株価が過度に割安である、といった特徴に該当するものである。しかし、コーポレートガバナンス理論の発達やアクティビスト・ファンドの活躍に伴い、米国では①と②に該当する企業はあまりみられなくなった。さらに、米国株全体のバリュエーションが大きく上昇し、割安株が減った。米国のPBRは3.9倍と、欧州2.0倍、日本1.4倍と比較して高い（2023年末、出所：FactSet Market Indices）。

　つまり、米国では、①、②、③に該当する企業が大きく減ったということである。その結果、2010年代前半までは活躍が目立ったアクティビスト・ファンドだが、最近では失敗事例も目立つようになってきた。

　その点、日本は①、②、③に該当する企業が多い。とりわけ、主要先進国のなかで株価水準は最も低いため、ターゲットとなる企業の数は多い。このため、世界の有力アクティビスト

たちはこぞって「アクティビスト天国」である日本にやって来ている。

2010年代後半からは、海外のアクティビスト・ファンドが、日本に本格進出し始めた。代表例が、サード・ポイント（主な投資先：ソニーG）、エリオット・マネジメント（ソフトバンクG、大日本印刷、住友商事、東芝）、バリューアクト・キャピタル（任天堂、オリンパス、JSR、セブン＆アイHD）である。

加えて、規模が比較的小さいファンドであるダルトン・インベストメンツ（投資の代表例：セコム）、英国のパリサー・キャピタル（京成電鉄）、シルチェスター・インターナショナル・インベスターズ（京都フィナンシャルグループ）、香港のオアシス・マネジメント（花王）、シンガポールの3Dインベストメント・パートナーズ（サッポロホールディングス）、などの活動が活発化している。

アクティビストは短期的な投機であるとみられがちだが、投資期間は中長期的であることが多い。たとえば、エフィッシモやエリオットは、東芝に対し2017年に投資を開始し、売却したのは2023年であった。これらは、年金基金や富裕層の個人などの資金を運用するのが一般的である。

アクティビズムの主な手法としては、取締役選任や資本政策（例：株主還元、資産売却）などの提案がある。会社との対話、株主提案、委任状勧誘、訴訟などを通じて、これらの実現を目指す。また、対象企業のM&Aへの関与もある。TOBなどの買収価格が低いと指摘し、価格を吊り上げる手法である。

以下、アクティビストたちの動向を分析し、それらが株式市

場に与える影響について、検討する。

## ■ 世界のアクティビストの発祥とその発展過程

アクティビスト・ファンドは米国を中心に成長してきた。そして、これらは、そのノウハウをもって、日本や欧州にも進出している。

歴史は石油ショックにさかのぼる。1970年代の二度にわたる石油危機（1973年、1979年）により原油価格が急騰した。このため、石油会社の経営者は原油を発掘するより、大きな埋蔵量をもつ石油会社を買収するほうが有利な状況が発生した。1985年に、ブーン・ピケンズが経営するメサ・ペトロリアムがユノカル（石油会社）に対して敵対的買収を仕掛けた。1980年代に、ピケンズやファンドの経営者であるカール・アイカーンらはコーポレート・レイダー（乗っ取り屋）と呼ばれ、敵対的買収、グリーンメール（対象企業に高値で株式を買い取らせること）などを積極的に行った。

PEファンドであるコールバーグ・クラビス・ロバーツ（KKR）は、1986年に食品会社ベアトリス、1989年にRJRナビスコに対する敵対的レバレッジド・バイアウト（LBO、対象会社の資産を担保に資金調達をする買収）を成功させた。その手法から、KKRは「野蛮な来訪者」と呼ばれた。しかし、現在、KKRは格式の高いPEファンドとみなされている。

ガバナンス理論の発展と判例の蓄積とともに、敵対的買収は、無秩序な乗っ取り合戦から、秩序ある経営権の争奪戦に変化した。判例により、ユノカル基準（敵対的買収に対する防衛策

が適法か否かを判断する基準)、レブロン基準(いったん、売却を決めた場合、取締役会に会社の売却価格を最大化する義務を定める基準)などが確立された。買収防衛策発動については、ユノカル基準により、防衛策が過度なものでないという相当性の原則、企業価値に対する脅威の存在が裁判所によって審査される。

1980年代に独立取締役の登用が進み、敵対的買収に発展する前に、株主の立場に立って取締役や経営者が買収者と交渉をするようになった。その結果、米国企業を対象とする敵対的買収は、1990年代810件、2000年代288件、2010年代156件と大きく減少した(出所:IMAA Institute)。

米国は、相対的に、株主総会における株主権が制限され、取締役会の権限が強い取締役優位モデル(director primacy model)である[1]。つまり、間接民主主義に近い。一方、欧州、日本などは、株主の権限が強い株主優位モデル(shareholder primacy model)である。取締役会よりも株主総会の権限が絶対的に強く、政治にたとえると、直接民主主義に近い。

米国では、19世紀後半に、各州が、会社設立にかかわる登記料などの収入増を目的に、会社法の大幅な任意法規化(経営者の裁量を増やすこと)を実施した。多くの州が会社の本拠地の誘致を目的に規制緩和を行ったが、最終的に競争に勝ったのが、1899年、デラウェア州一般会社法(DGCL)であった。

会社が、資本金の払込みを受けた後は、基本定款、付属定款

---

1　Stephen M. Bainbridge, "Director Primacy", UCLA School of Law, Law & Economics Research Paper No. 10-06, SSRN, May 25, 2010

第6章　日本はアクティビスト天国、攻めやすく守りにくい　183

の変更については、株主総会決議が必要となる。しかし、基本定款で定めることで、取締役会に付属定款変更に関する権限を移譲することが可能である（DGCL109条(a)）。株式上場前に、基本定款において取締役会へ権限を移譲することが多いため、取締役会の実務的な権限は大きい。

　デラウェア州は、成文法の任意法規化と同時に、判例法が発達した。英国のエクイティの思想を汲むデラウェア州裁判所は、18世紀に発達し、1792年に現在の裁判所の原型ができあがった[2]。全米で唯一デラウェア州が、会社法に特化した衡平法裁判所をもつ（最高裁との二審制）。衡平法裁判所の特徴は、審査におけるエクイティの原則である。エクイティの原則とは、法律の解釈よりも、取締役の信認義務を軸に、正義と公正を重視する裁判制度である。このため、裁判所の判断は実務的で、柔軟である。

　制定法の任意法規化に着目して、デラウェア州一般会社法は経営者に有利な法制度といわれることがあるが、必ずしもそうではない。19世紀末の各州の会社法の規制緩和（任意法規化）の競争は、「底辺への競争」（Race to the bottom）と呼ばれた[3]。しかし、判例法が充実しているために、デラウェア州一般会社法が州際規制緩和競争において勝利したと考えられる[4]。

---

2　The Widener University School of Law, William T. Quillen & Michael Hanrahan, "A Short History of the Delaware Court of Chancery —1792-1992"（Delaware State Courts website）

3　William L. Cary, "Federalism and Corporate Law: Reflections upon Delaware", The Yale Law Journal, March 1974, Vol.83, No.4, pp.663-705

## ■ 2010年代に進化したアクティビスト・ファンドの手法

2001年エンロン事件、2008年リーマン危機など、経営者の独走によって世界経済を揺るがす事件が発生した。経営者に過度に権限を委譲することの弊害が明らかとなったため、特に、リーマン危機後、経営者を牽制するために、株主の権限が強化された[5]。

米国では、株主総会における議案について、会社側の権限が圧倒的に強く、株主がコストと時間のかかる委任状争奪戦で勝たないと株主提案は強制力をもって実行できない。2000年以降、DGCLでは、絶対多数投票制度の採用（216条）、委任状闘争の会社側による費用負担（113条）、付属定款によるプロキシー・アクセス（取締役選任の株主提案を会社の委任状に記載できる）の採用（112条）など、株主に有利な改正が行われている。

これらは仕組みが複雑であるが、一つだけ例を紹介したい。2006年に、取締役選任について絶対多数投票制採用が認められた。それ以前は、相対多数投票制のみであったが、企業の判断による選択制になった。相対多数投票制は、取締役選任についての株主の投票には賛成か留保の選択肢しかなく、反対票を投

---

4 Ralph K. Winter, Jr., "State Law, Shareholder Protection, and the Theory of the Corporation", The Journal of Legal Studies, June 1977, Vol. 6, No. 2, pp. 251-292

5 Stephen M. Bainbridge, "Preserving Director Primacy by Managing Shareholder Interventions", Research Handbook on Shareholder Power and Activism231, UCLA School of Law, Law & Economics Research Paper August 27, 2013, No.13-09

じることはできない。このため、会社側の提案した取締役候補がほぼ自動的に選任される。

たとえば、行使された議決権が100あり、会社側の取締役選任議案に対して、賛成が1で、反対が99であるとしよう。相対多数投票制では、反対はできないので、賛成1、反対0、留保99となる。この場合、賛成が相対的に多数なので、議案が可決される。

しかし、絶対多数投票制では、取締役が選任されるために議決権行使数の過半数以上の賛成票が必要とされる。この場合、過半数である51の賛成がないと議案が可決されず、否決されることになる。

機関投資家やアクティビストは、株主の意見が反映されやすい絶対多数投票制採用を求めている。2006年に絶対多数投票制を採用する企業はS&P500構成企業の16%にすぎなかったが[6]、株主の圧力を受けて、現在では9割に上昇している。

株主権が強化された結果、大型株を対象にしたアクティビスト活動が盛んになった。かつて、アクティビストは、企業の敵という色彩が強かったが、現在では、機関投資家の声の高まりとともに市民権を得ている。また、成功例やトラックレコードの蓄積によって、年金基金や個人の富裕層の投資対象として、資産運用業界における地位を確立した。

特に、議決権行使アドバイザー、そしてその影響を受ける機

---

6　Marc S. Gerber, "US Corporate Governance: Boards of Directors Face Increased Scrutiny", Skadden's 2014 Insights－Governance, January 16, 2014

関投資家の議決権行使が活発になったことは大きい。アクティ
ビストの提案であっても、合理的であれば、機関投資家が支持
することが多い。その結果、少ない株式取得でアクティビスト
活動が成功する例が増えてきた。

2023年に、米国で取締役就任を求めるアクティビスト活動60
件のうち、委任状合戦までに至ったのは14件（23％）であっ
た[7]。事前に、会社側と合意して要求をのませる場合が多い[8]。

新しいトレンドとして、環境アクティビストがある。2021年
には、エンジン・ナンバーワンが、エクソンモービルの温室効
果ガス削減計画を批判し、委任状合戦により、3人の取締役を
送り込むことに成功した。同社の保有比率は0.1％以下である
が、大手運用会社や議決権行使アドバイザーの支持を得たこと
が大きかった。

ESG関連の株主提案は投資家の支持を集めた時期があった
が、最近では注目度が落ちてきた。共和党知事のいるテキサス
州やフロリダ州、そしてエネルギー生産の依存度が高い州で
は、ESGに対する反発が高まっている。米国では50％以上の賛
成率を得た環境関連の株主提案は、2022年の25％から2023年に
5％に低下している[9]。

---

7　Camila Panama and Alexander J. Dussault "2023 Activism Recap: Universal Proxy Rule Predictions Fell Flat; Director Nomination Rejections on the Rise", Mayer Brown, February 6, 2024

8　Lucian A. Bebchuk, Alon Brav, Wei Jiang and Thomas Keusch, "Dancing with Activists", 2017, Columbia Business School Research Paper No. 17-44, Harvard Law and Economics Discussion Paper No. 906

9　Georgeson, "2023 Investor Voting Report", November 27, 2023

欧州の代表的なアクティビスト・ファンドは、英国のTCI、ブルーベル・キャピタル、シティ・オブ・ロンドン、スウェーデンのセヴィアン・キャピタルである。TCI（2003年設立）は欧州最大のファンドであり、運用資産は6兆円弱である。ドイツ証券取引所、フランス航空機大手エアバスなどを標的とした。日本でも、電源開発（Jパワー）をターゲットとしたが、確たる成果はあがらなかった。欧州では、多彩な種類株式が活用されており、かつ買収規制が厳しい（詳細は後述）。このため、比較的、アクティビズムが成功しづらい。

## ■ 世界の代表的なアクティビスト・ファンド

世界では、米国のアクティビスト・ファンドの存在感が圧倒的に大きい。代表的なファンドとして、以下があげられる。

エリオット・マネジメント

1977年設立と比較的歴史は長く、グローバルに活動するのが特徴である。主要なアクティビスト活動先として、米国のセールスフォース、ペイパル・ホールディングス、ツイッター（現X）、AT&T、現代自動車（韓国）、テレコム・イタリア（イタリア）、SAP（ドイツ）、日本では、東芝、ソフトバンクG、大日本印刷、住友商事などがあげられる（売却案件も含む、以下同）。

バリューアクト・キャピタル

投資対象企業に取締役を派遣することが特徴である。100以上の企業に投資し、47社の上場企業において取締役として参画する。代表的な投資先は、マイクロソフト、セールスフォー

ス、シティグループ、ウォルト・ディズニー、任天堂、オリンパス、JSR、セブン＆アイHDなどである。

## サード・ポイント

書簡の公開、委任状合戦を活用して、経営改革を働きかけるのが特徴である。代表的な投資事例は、ヤフーインク、ウォルト・ディズニー、インテル、ダウ・ケミカル、セブン＆アイHD、IHI、ソニーG、スズキ、ファナックなどがある。

世界最大級のアクティビストであるエリオット・マネジメントの運用資産は9.8兆円（2024年6月末）と、世界最大の資産運用会社ブラックロックの1,400兆円と比較するとかなり小さい。アイカーン・アソシエイツ、パーシング・スクエアなどの大手アクティビストの運用資産も2～5兆円規模である。

欧州企業に対する米国アクティビスト・ファンドの攻勢も目立ってきた。サード・ポイントは、2017年に、スイスのネスレに対してロレアル株の売却などを求め、2021年にネスレはロレアル株を一部売却した（第4章参照）。

エリオット・マネジメントとブルーベル・キャピタルは、2021年に、英国のGSK（旧グラクソ・スミスクライン）に対し、活動を開始した。ブルーベル・キャピタルは、コンシューマー・ヘルスケア事業のスピンオフ後のCEOや取締役会議長の交代を求めた。2021年の安値から2022年の高値まで、株価は2.3倍に上昇した。2022年に、トライアン・パートナーズ（以下、トライアン）ファンドが英国ユニリーバの株式を取得し、トライアンのネルソン・ペルツが社外取締役に就任した。

第6章　日本はアクティビスト天国、攻めやすく守りにくい　**189**

# ■ かつては多くの米国のテクノロジー株も割安株だった

現在でこそ、アップルやマイクロソフトなどのテクノロジー企業は、自社株買いを中心に総還元性向は高く、かつバリュエーションは高い。しかし、10年以上前は株主還元に消極的で、かつバリュエーションは低かった。それを大きく変えたのが、アクティビスト・ファンドであった。いずれも、これらの介入をきっかけに、ビジネスモデルや財務戦略を大きく変えた。

2013年に、アップルはグリーンライト・キャピタルによるアクティビズムを契機に自社株買いを開始した。その後、2023年末までの累計で91兆円の自社株買いを行っている。時価総額は過去10年間に6.0倍になった（同期間S&P500は2.4倍、2023年末419兆円）。

2013年に、バリューアクトが、マイクロソフトに対してアクティビスト活動を開始した。スティーブ・バルマーCEOの退任が発表された直後、両社は協力協定に合意した。2014年に、バリューアクトのメイソン・モーフィット社長が、社外取締役に就任した（～2017年）。2014年に、サティア・ナデラCEOの就任後、クラウドビジネスに舵を切り、大きく業績を伸ばした。時価総額は過去10年間に8.9倍になった（同391.3兆円）。

2012年に、バリューアクトのケリー・バーローがアドビの社外取締役に就任した（～2016年）。2013年に、主力のクリエイティブ・クラウド事業をサブスクリプション方式に転換し、成

長源となった。アドビの時価総額は過去10年間に9.1倍になった（同38.0兆円）。

2022年に、セールスフォースは、スターボード・バリューから、営業利益率の引上げを求められた。2022年度から自社株買いを開始した。2023年に、バリューアクトのメイソン・モーフィットCEOが取締役に就任した。エリオット・マネジメントも、同年に対し経営改革や取締役選任を求めていた。2022年安値から2024年1月の高値まで株価は2.5倍に上昇した。

## ■ 米国で苦戦するアクティビスト・ファンド

失敗例として、以下があげられる。いずれも、アクティビストのターゲットになった後、コングロマリット・ディスカウント（過度に多角化したために、適切に経営できず、株価が割安になっている状態）の解消をねらって、会社を分割した。しかし、分割後も株価は低迷し、当初の想定どおりとはいかなかった。

2014年に、サード・ポイントは、ダウ・ケミカルに対し石油事業の分離を提案していたが、2名の社外取締役就任で合意した。2015年に、デュポンの株主であったトライアンは、取締役選任をめぐり、委任状合戦で争ったが、デュポンが勝利した。同年に、ダウ・ケミカルとデュポンが統合に合意し（2017年に統合完了）、統合後に農業関連、汎用化学品、高機能化学品の3社分割を発表した。

2017年に、ダウ、デュポン、コルテバの3社分割が発表された（2019年完了）。2017年末の時価総額合計は23.2兆円だったが、2023年末には3社合計で14.7兆円と、8.5兆円減少した（同

期間S&P500は2.2倍)。

2017年に、トライアンの最高投資責任者エド・ガーデンがGE（現GEエアロスペース）の取締役に就任し、GEのCEOジェフリー・イメルトが退任した。GE本体はGEエアロスペースとして航空機エンジン事業に注力し、2023年に、ヘルスケア事業をGEヘルスケア・テクノロジーズ、2024年に、エネルギー事業をGEベルノバとしてスピンオフした。GEの時価総額は2015年末の40.9兆円から2023年末には19.4兆円と52.5%減少した（同2.2倍）。

こうした失敗要因の一つとして、株式取得時にバリュエーションが高かったことがある。また、これら企業は成熟産業に属するため、分割後の各企業の成長性が高いとはいえない。つまり、低成長事業が集まったコングロマリットを分割しても、価値は上がらないのである。

過去10年間にわたる議論のなかで、アクティビズムに対する評価が分かれる。「アクティビストの取締役派遣により、対象企業の業績や月次リターンで長期的な価値を生み出す」という仮説について統計的に優位な証拠はないとの実証研究がある[10]。一方、アクティビストが要求する取締役が選任された後に、プラスのリターンがもたらされるとの研究もある[11]。

---

10 Thomas N Kushner and K. Mamun, "Do Activist Directors Add Value?", SSRN, March 15, 2019

11 Ian D. Gow, Sa-Pyung Sean Shin and Suraj Srinivasan, "Activist Directors: Determinants and Consequences", SSRN, December 29, 2022

# 2 日本の株主総会における株主権は世界最強

## ■ 米国の敵対的買収と買収防衛策

　企業買収や買収防衛に関する法制度（主に、会社法、証券取引法）は国・地域により大きく異なる。それらは、米国型と欧州型（もしくは、英国型）に大別される。そして、日本は、両者の折衷型である。

　米国では、判例法主義により、買収紛争は裁判所の判断が先例拘束力をもつ[12]。取締役会の権限が強いことが特徴である。会社法のデフォルト・ルールでは、株主総会招集権をもつのは取締役会のみである。委任状勧誘でない限り、株主提案は可決されても強制力をもたない（勧告的決議）。前述のように、取締役選任議案では、株主は反対できない（賛成か棄権のみ）。コストと時間がかかる委任状勧誘をしない限り、拘束力のある株主提案、株主総会招集請求などはできない。

　臨時株主総会の場合、定款もしくは付属定款において取締役会以外に招集権限者を定めることができる（DGCL211条d）。S&P500企業の7割が、株主に臨時株主総会の招集請求権を認めるが、議決権の一定以上の保有（アップルは10％以上、マイクロソフトは15％以上、アマゾンは25％以上）など厳しい要件が

---

12　長島・大野・常松法律事務所「海外のM&A制度等に関する実態調査進捗報告」（経済産業省第1回公正な買収の在り方に関する研究会資料6、2022年11月18日）

ある。

　TOB法制は、世界的に大きな相違がある。日米のTOBは Tender offer bid であるが、欧州のそれは Takeover bid であ

**図表６−１　米国の複数議決権株式発行会社時価総額上位10社**

| 上位10社 | 時価総額<br>（兆円） | 議決権の内容 |
|---|---|---|
| 1　アルファベット | 245.7 | クラスＡ：Ｂ：Ｃ＝１：10：０ |
| 2　メタ・プラット<br>　　フォームズ | 127.3 | クラスＡ：Ｂ＝１：10 |
| 3　バークシャー・<br>　　ハサウェイ | 108.8 | クラスＡ：Ｂ＝10,000：１ |
| 4　ビザ | 73.2 | クラスＡ：Ｂ：Ｃ＝１：０：０ |
| 5　マスターカード | 56.0 | クラスＡ：Ｂ＝１：０ |
| 6　コムキャスト | 24.7 | クラスＡ：Ｂ＝0.06797：15 |
| 7　ナイキ | 23.0 | クラスＡ：Ｂ＝取締役の25％選<br>任：取締役の75％選任 |
| 8　UPS | 18.7 | クラスＡ：Ｂ＝10：１ |
| 9　ゴールドマン・<br>　　サックス・グルー<br>　　プ | 17.6 | 普通株：非議決権普通株＝１：<br>０ |
| 10　リジェネロン・<br>　　ファーマシュー<br>　　ティカルズ | 13.4 | クラスＡ：普通株＝10：１ |

注：2023年末時点、１ドル140円で算出。ビザは、合併等でＢ、Ｃ株主に
　　議決権が付与される。コムキャストのクラスＡ株の議決権数は、2023
　　年株主総会時点。
出所：FactSet、各社資料

る。米国のTOB制度は、市場外証券取引の情報開示規制であるため、証券取引所法のなかに含まれている。しかし、成文法のなかにTOBの定義はなく、判例によって定義されている。

ライツプラン（ポイズンピル）は、株主の承認なしに取締役決議のみによって導入、発動可能である。1株未満の株式（優先株式）に対して議決権が付与できるため（例：0.001株＝1議決権、会社法151条）、発行可能株式総数に関係なく、買収者の持分を希薄化できる。このため、効果が強力である。ただし、機関投資家の圧力を受けて、導入する企業は減少した。2000年には、S&P500企業の60％が導入していたが、2023年末の導入企業はフォード・モーターなど4社にすぎない。

テクノロジー企業を中心に複数議決権株式の発行は活発である。アルファベットは、A株（1株1議決権）、B株（1株10議決権）、C株（1株無議決権）と3種類の株式を発行し、A株とC株が上場されている。創業者・役員は合計で議決権全体の53.3％を保有する（2024年4月9日時点）。ほかに、メタ・プラットフォームズ、ビザなども複数議決権株式を発行している。ただし、上場規則により、公開時に複数議決権株式を発行している必要があり、上場後は発行できない。

## ■ 欧州の敵対的買収と防衛策

欧州は、株主優位モデルである（各国別に制度は異なる）。たとえば、増資においては、日米のように取締役会決議による公募増資ではなく、株主割当（ライツイシュー）が中心である。

EUおよび英国のTOB制度は会社の支配権取引規制であり、

会社法の範疇にある[13]。原則として、市場内外を問わず、30%以上の議決権を取得する場合に義務づけられる。買収者には全株取得義務を負わせる。買収の是非を決めるのは株主であって、取締役会ではないのが原則である。TOB指令は2004年に制定されたが、当時、加盟国のなかで、資本市場法制が最も進んでいた英国の制度がベースになっている。

取締役会はTOBに対する中立義務が求められる（TOB指令9条)[14]。株主総会の事前承認を得なければ、買収防衛策を発動してはならない。TOB指令11条では、ブレークスルー条項が定められている。この条項が有効な場合、TOB期間中は、議決権の制限、複数議決権、取締役任免権など、買収を妨げる株主との契約（一般には種類株式）などの権利はすべて無効となる。

フランスでは、株主利益に相反しないという前提はあるが、事前承認なしで買収防衛策を発動できる[15]。また、2014年のフロランジュ法により、定款で排除する規定がない限り、自動的に2倍議決権が付与される。最低2年間の保有で、2倍までの議決権が付与できる（フランス商法典L.225-123、L.225-124)。イ

---

13 Communication from the Commission to the Council and the European Parliament，"Modernising Company Law and Enhancing Corporate Governance in the European Union—A Plan to Move Forward", May 21, 2003, p. 29

14 Directive 2004/25/EC of the European Parliament and of the Council of 21 April 2004 on takeover bids（Text with EEA relevance)

15 ボストン コンサルティング グループ「令和3年度産業経済研究委託調査事業『コーポレートガバナンス改革に係る内外実態調査』最終報告資料」（2022年3月）

タリアにも同様の制度がある。

　ドイツについては、買収防衛策は原則認められていないものの、監査役会や株主総会の承認を得た場合、例外的に認められる。実際に、買収防衛策が用いられることはまれである。

　フォルクスワーゲン（VW）は、無議決権優先株と普通株を証券取引所に上場させている。持株会社ポルシェ・オートモービル・ホールディング（ポルシェAH）がVWの発行資本の31.9％（議決権の53.3％）を保有している（2023年末）。ポルシェAHは、モビリティと産業技術に投資する持株会社であり、VWがコア投資である。普通株を上場せず、無議決権優先株のみを証券取引所に上場させている。

　自動車製造会社ポルシェAGはVWの完全子会社であったが、2022年に無議決権優先株を上場させた。VWが株式資本の75.4％、ポルシェAHが12.5％を保有する（2023年末）。つまり、ポルシェAH→VW→ポルシェAGという資本関係にある。しかし、時価総額は、ポルシェAGが11.2兆円、VWが9.0兆円、ポルシェAHが2.2兆円と、資本関係の逆の構造になっている。

　スイスのロシュ・ホールディング（以下、ロシュHD）は、無議決権株式と無記名株式を上場しており、前者が全体の87％を占める（株式数ベース）。創業者一族グループ等が議決権株式の72.6％を保有している。

　英国では、M&Aに関しては「テイクオーバーと合併に関するパネル（テイクオーバー・パネル）」がTOBの詳細なルールを定める「テイクオーバーと合併に関するシティ・コード（テイ

クオーバー・コード）」を運営してきた。1968年設立時にパネル
は民間団体だったが、2006年会社法で法制化された。ただし、
現在もなお、運営は民間の実務者が中心であり、自主規制の文
化を色濃く残している。

　公開買付期間中、株主総会の承認がない限り買収防衛策は禁
止されており、経営陣には中立義務が課せられる（テイクオー
バー・コード規則21）。そのため、英国では、買収防衛策が発
動されることは実質的にはない。

　取締役会を掌握するような株主提案（事実上の買収）に対し
ては厳格な規制がある。テイクオーバー・パネルは、アクティ
ビストの活動が「取締役会支配を目指して株主総会を要求する
か、そのように実行すると脅かす場合で、かつ、協調して行動
する株主の持分が合計30％以上」に該当する場合、全部公開買
付義務が発生するとしている[16]。結果として、アクティビスト
が経営権の取得を目指す場合の資金負担が大きい。

　また、英国独自の買収手法として、裁判所が関与するスキー
ム・オブ・アレンジメント（SOA）も活用される。SOAの手続
は会社法で規定される。

　2021年に、FCA（英国金融行為規制機構）は、上場規則を改
正し、プレミアム市場について、議決権種類株式を発行する企
業の上場も認めることとなった（1株の議決権が最大20倍）[17]。

---

16　The Takeover Panel, "Practice statement No. 26 Shareholder
　　Activism", September 9, 2009 (amended 5 July 2021)
17　FCA, "FCA confirms new Listing Rules to boost growth and
　　innovation on UK stock markets", February 12, 2021

プレミアム市場は、一株一議決権の企業に限定されていたが、米国同様、革新的でオーナー系企業の上場を促進するねらいがある。

## ■ 攻めやすく守りにくい日本

　日本の会社法は、株主総会における株主権が強い。欧米では、買収や大規模な株式取得について厳しい制限があり、さらに、強力な防衛策が存在する。しかし、日本では、買収や大規模な株式取得が相対的に容易である一方で、防衛策導入には実質的な規制が多い。

　歴史的に、日本の法制は欧米の折衷型であるものが多い。会社法は、1890年旧商法、1899年商法（いずれもドイツ法体系）がベースとなっている。戦後、米国法を多く取り入れたが（例：公募増資）、現在も株主総会が絶対的な権限をもっている（会社法295条1項）。株主優位モデルがベースにありながらも、取締役優位モデルが一部導入されている。

　一方、資本市場法制は、米国占領下の1948年に証券取引法が施行されたため、米国型の情報開示規制（証券取引規制）が主体である。1990年代以降、これに英国法が加わってきた。日本では、もともと、TOBは情報開示規制であるが、徐々に企業買収にかかわる規制が加わっている。

　日本の会社法では、株主提案権、株主総会招集請求権などの行使基準が緩く、また、コストが低い。たとえば、取締役選任を株主提案して、取締役の過半数を選任できれば、事実上、会社を支配することができる。一方、米国では、株主提案は原則

として取締役会を拘束しない。たとえ、100対ゼロで可決されたとしても、意見表明の効果をもつにすぎない。

これらの株主権を多くのアクティビスト・ファンドが巧みに使いこなしている。村上ファンド出身者が運営するエフィッシモは、東芝に対してさまざまな株主権を駆使して、要求を実現させた。2021年に、エフィッシモは、東芝に対し、前年の株主総会の運営の適法性について独立した第三者による調査を求めて、臨時株主総会を請求した。株主提案は可決され、調査の結果、2020年の株主総会は適切でなかったと結論づけられた。これを受けて、2021年の株主総会では、もともとの取締役候補13名のうち、2名が事前に除外され、取締役会議長を含む2名の選任が否決された（選任された取締役1名は辞任）。2023年に、日本産業パートナーズ（JIP）を中心とする国内連合が2兆円で買収し、上場廃止となった。

スティール・パートナーズ（以下、スティール）によるアデランス、あるいはYamauchi No.10 Family Office（YFO）による東洋建設の場合、取締役選任の株主提案によって取締役会の過半数を掌握することによって、比較的容易に経営権を取得した。

市場外で5％以上の株式を取得する場合はTOBを実施する必要があるが、市場内の「買い上がり」、つまり5％以上の取得でもTOB規制が適用されなかった。EUおよび英国では市場内の「買い上がり」には義務的TOB規制が適用される。議決権の30％以上を取得した場合、TOB規制が適用される（米国では、八つの要素で総合的に判断される）。なお、改正金融商品取

## 図表 6 - 2　株主権の国際比較

| | 株主総会招集権 | 株主提案 | 株主提案の法的拘束力 |
|---|---|---|---|
| 米国 | なし（定款、付属定款で付与可） | ①少なくとも 3 年間、時価2,000ドルを保有する、もしくは、②少なくとも 2 年間、時価15,000ドル相当を保有する、もしくは、③少なくとも 1 年間、25,000ドル相当を保有する、場合 | なし |
| 英国 | 5 ％以上の議決権 | 5 ％以上の議決権を保有するか、100名以上の株主（株主当り平均払込額100ポンド以上） | あり |
| ドイツ | 株式資本の 5 ％以上（90日間保有） | 株式資本の 5 ％もしくは50万ユーロ相当以上（90日間保有） | あり |
| フランス | 資本の 5 ％以上（①75万ユーロ未満の部分は 4 ％、②75万ユーロから750万ユーロの部分は2.5％、③750万ユーロから1,500万ユーロの部分は 1 ％、④1,500万ユーロを超える部分は0.5％） | 資本の 5 ％以上（①75万ユーロ未満の部分は 4 ％、②75万ユーロから750万ユーロの部分は2.5％、③750万ユーロから1,500万ユーロの部分は 1 ％、④1,500万ユーロを超える部分は0.5％） | あり |
| 日本 | 議決権の 3 ％以上（ 6 カ月保有） | 議決権の 1 ％以上または300個以上の議決権（ 6 カ月保有） | あり |

注：米国の株主総会招集権は、デラウェア州一般会社法規定。英国、フランスについては、気候変動関連の株主提案で拘束力のない勧告的決議も行われている。
出所：各国法制、比較法研究センター「株主提案権の在り方に関する会社法上の論点の調査研究業務報告」（2016年 3 月）138〜139頁

引法により、市場内取引にも３分の１ルール（市場内外を問わず所有割合が３分の１を超える場合TOBが必要）が適用され、議決権の３分の１から30％に引き下げられている。

　また、大量保有報告規制の強制力が弱い。大量保有報告書および変更報告書を提出しない場合、重大な虚偽記載や不記載に対しては、当該発行企業の時価総額の10万分の１の課徴金が科される（金融商品取引法172条の７、172条の８）。ただし、過去の例では、刑事罰が２件、課徴金納付命令が８件にすぎず、大量保有報告規制違反単独での処分事例はない[18]。米国では、大量保有報告規制に関連し、SECが数十万ドル規模の民事制裁金を課している例も多数ある。EUおよび英国では大量保有報告規制違反の株式保有者につき議決権が停止される[19]。

## ■ 日本の買収防衛策は効果が限定的

　買収防衛策の導入と発動には厳しい制限がある。基本的に、ライツプラン発動は株主総会の承認が求められる。また、発行可能株式総数は発行済株式数の４倍の上限がある（米国では実質的に上限がない）。また、種類株式のうち、複数議決権株式、拒否権付株式（黄金株）の導入は東証の審査が厳しく、事実上、禁止されているに等しい。導入例は、複数議決権株式のサイバーダイン、黄金株のINPEXのみである。

---

18　太田洋（西村あさひ法律事務所）「わが国における買収防衛事案の現況と課題」（経済産業省第１回公正な買収の在り方に関する研究会レジュメ 資料７、2022年11月18日）

19　飯田秀総「大量保有報告書規制違反者の議決権行使差止めに関する立法論の検討」（旬刊商事法務第2001号、2013年）19〜30頁

歴史的に、代表的な防衛策として、平時は株式持ち合い、有事は第三者割当増資がある。1946年に、GHQ（連合国軍最高司令官総司令部）は財閥を解体し、保有株式が売却された。1952年の陽和不動産事件（現三菱地所、後述）以降、日本独自の防衛策として株式持ち合いが発達した。宮島は、1947年独占禁止法による持株会社禁止措置が、その後の株式持ち合いを用いた企業の系列化を生んだと指摘する[20]。

　その後、1964年の資本自由化に対応するために、安定株主工作が進んだ。1980年代の敵対的買収の増加、株高を背景に、株式の政策保有はピークを迎えた。第1章で述べたとおり、政策保有株式の開示規制強化や機関投資家からの圧力が高まり、近年、株式持ち合いは減少している。

　第三者割当増資は、ホワイトナイトに近い防衛手段である。これは、友好的な第三者に対して新株を発行し、買収者の持分を希薄化する。代表的な係争として、1989年の忠実屋・いなげやの第三者割当増資差止め事件がある[21]。

　2009年に、東証の有価証券上場規程等が改正された。第三者割当増資の希釈化率300％超の場合は原則上場廃止となり、希釈化率25％以上は第三者委員会からの意見もしくは株主総会決議が求められることになった。こうして、事実上、第三者割当増資による買収防衛はなくなったようにみえる。

---

20　宮島英昭著『産業政策と企業統治の経済史―日本経済発展のミクロ分析』（有斐閣、2004年）375頁
21　「忠実屋・いなげや新株発行差止仮処分事件決定」（判例時報第1317号）28〜35頁

2005年に、ニレコが新株予約権を用いた事前警告型買収防衛策を導入した。これは、将来、敵対的買収者が出現し、一定割合の株式を取得した場合、買収者以外の全株主に新株予約権を発行し、敵対的買収者の株式保有割合の低下が可能となるものである。

　基本的に取締役会限りで導入可能であるが、ほとんどの会社は、株主総会決議（株主意思確認決議）によって導入している。株主優位モデルの日本では、発動に際し、株主意思の確認の機会を確保することが発動要件として求められることが一般的である（米国は取締役会決議で発行可能)[22]。ただし、機関投資家からの批判が厳しく、ピークの2008年には461社（全体の19.4％）が防衛策を導入していたが、2022年には264社（同7.0％）に減少している[23]。

　2021年以降、防衛策発動に関して、裁判所による判断が続々と出されている。ただし、仮処分決定であることもあり、その判断はまちまちである。

　日邦産業は2021年に取締役会決議のみで防衛策を発動した。2020年の株主総会で防衛策の更新が承認されており、名古屋高裁は発動を認めた[24]。富士興産は取締役会決議のみで発動したが、発動後の株主総会で導入・発動が承認され、東京高裁が差

---

22　久保田安彦「敵対的買収防衛策をめぐる近時の裁判例の動向（下）」（法学教室第501号、2022年6月）56〜61頁

23　東京証券取引所「東証上場会社 コーポレート・ガバナンス白書2023」（2023年3月）

24　名古屋高決令和3・4・22（資料版商事法務第446号、2021年5月）130〜175頁

止めを認めない判断を行った[25]。

東京機械製作所の2021年臨時株主総会で発動が承認された。その際の決議要件が、買収者（アジア開発キャピタル）、その関係者、東京機械製作所の取締役、その関係者以外の出席株主の議決権の過半数の賛成で可決するものとされた（Majority of Minority、MOM要件）。東京高裁は、差止めを認めず、最高裁も仮処分の申立てを棄却した[26]。

コスモエネルギーホールディングス（以下、コスモ）は、2023年の株主総会で導入を可決した。20％を保有する村上ファンドおよびコスモの関係者を除く出席株主による議決が行われた。防衛策は賛成率59.5％で承認可決された。日本アジアグループ事件では、東京高裁は不公正発行に当たるとして差止めの仮処分を認めた[27]。2022年のアダージキャピタルによる三ッ星に対する敵対的買収では、株主意思確認総会で防衛策発動が可決されたが、最高裁が著しく不公正な方法と判断し、対抗措置発動を差し止めた[28]。

---

25　東京高決令和3・8・10（資料版商事法務第450号、2021年9月）143〜163頁
26　最三小決令和3・11・18（資料版商事法務第453号、2021年12月）94〜130頁
27　東京高決令和3・4・23（資料版商事法務第446号、2021年5月）130〜175頁
28　最二小決令和4・7・28（資料版商事法務第461号、2022年8月）143〜175頁

第6章　日本はアクティビスト天国、攻めやすく守りにくい　205

# 3 活発化する敵対的買収とアクティビズム

## ▌日本的経営のルーツとM&A

　企業買収に関して、株式持ち合い、親子上場、財閥、メインバンクなど日本的経営の要素が数多く関連する。以下、日本の経済、産業、金融システムの歴史を振り返り、そのなかで敵対的買収を含むM&Aを論ずる。

　日本的経営の代表的な構成要素は、年功序列、終身雇用制、系列・下請、間接金融主体（メインバンク）、特殊な株式保有構造（株式持ち合い、安定配当など）、企業別労働組合、財界（経団連や業界団体）などである。これらに、中央集権体制、官僚支配（統制）、行政指導、産業政策、天下りなどが加わることによって、広義の日本的経営がつくられた。

　所得税の源泉徴収、地方交付税、国民皆保険（健康保険）、厚生年金、町内会、農協、公団・公社・公庫・金庫、日本経済団体連合会（経団連）や日本自動車工業会などの業界団体、都市銀行と地方銀行、メインバンク制、株式の安定配当などの金融システムも、戦時中にその原型ができた。戦後にできた主要な構成要素は株式持ち合いのみである。

　日本的経営が完成したのは戦後の高度成長期であるが、そのルーツは、1940年体制とも呼ばれる国家主義的戦時経済体制である。そして、それらはいまなお、われわれの社会に深く根差している。戦争を遂行するために軍主導で国家統制を行った制

度が、戦後、日本的経営として、経済復興、高度成長において大きな功績があった。ただし、その戦争とは、太平洋戦争（1941〜1945年）ではなく、1937年開戦の日中戦争である。

戦前の日本の経済システムは、現在と大きく異なり、競争主義的、自由主義的であった。賃金・雇用体系は柔軟であり、資本家と労働者の所得格差は大きかった。年功序列、終身雇用制などは定着しておらず、労働の流動性が高かった。

1930年代後半以降、政府、あるいは軍が強力に介入し、産業、企業、金融システムなどを戦争遂行のために大きく変えた。その哲学は、「競争・利益追求・市場原理」の否定と、統制である。日本的経営の特徴は「安定的、長期的、協調的」だが、同時に「閉鎖的、競争抑制的、同質的」という要素をもつ。さまざまな戦時体制は、むしろ、戦後、その効果を大きく発揮した。

## ■ 戦争を契機に経済・金融システムは変わった

戦前の企業の資金調達は株式や債券など直接金融主体であり、結果として、資本家や株主の力が強かった。1937年まで、大企業の外部資金調達の半分が増資であった[29]。資金調達のほとんどが株主割当増資であったため、企業の成長に伴う増資の過程でも、特定の大株主が残った（公募増資が解禁されたのは戦後）。そして、稼いだ利益を株主に還元するため、配当性向は高かった。

---

29 蟻川靖浩、宮島英明「銀行と企業の関係：歴史と展望」（組織科学 Vol. 49、No.1、2015年9月20日）19〜31頁

1927年の昭和金融恐慌や1930～1931年の昭和恐慌において、東京渡辺銀行など大型経営破綻が相次ぎ、銀行は不安定な存在であった。この時期は、預金保険機構や日銀特融なども整備されておらず、銀行の信用力は低かった。

　戦時中に、軍需産業への資金の安定供給のために、政府は金融制度を抜本的に改革した。軍需会社に銀行が資金を供給する体制がとられた。会社利益配当及資金融通令（1939年）、銀行等資金運用令（1940年）によって、政府の命令による銀行融資に対して政府保証が行われた。非常金融対策要綱（1941年）によって、銀行預金に日銀保証がつけられた。こうして、事実上の政府保証によって、預金も融資も安全性が増した。

　金融団体統制令（1942年）によって、普通銀行、地方銀行、貯蓄銀行、信託会社、生命保険などの業態別の統制会が設立され、日銀がその中核となった。金融事業整備令（1942年）により、一県一行を目指して、金融機関の整理統合を行った[30]。普通銀行は、1935年末466行から1945年末61行（都市銀行8行、地方銀行53行）に減少した。

　軍需会社法（1943年）に基づく指定金融制度、大手銀行で構成される時局共同融資団による協調融資は、系列融資やメインバンク制につながった。指定金融制度は軍需会社への円滑な資金供給を定めるもので、特定の銀行がその会社の資金を融通することになった。たとえば、三菱重工の指定銀行は三菱銀行であった。

---

30　高橋正彦「預金保険制度の歴史と基本的課題」（預金保険研究第14号、2012年5月）1～34頁

第4章で述べたとおり、配当規制は株式の魅力を下げた。戦後、「安定配当」という日本独特の概念が定着した。こうした措置によって、証券市場の機能が大きく低下する一方で、銀行の信用力は大きく向上した。結果として、企業の資金調達は直接金融から間接金融へ大きくシフトした。

戦後、貸出金、株式、人材供給などを通じて、メインバンクが支配を強めた。主要な債権者であり、株主でもあったメインバンクが、企業に対して監視機能を果たす日本型ガバナンスができあがった。高度成長時代初期の1950年代には、メインバンク体制が固まった。こうして、M&Aが不活発な企業システムができあがった。

## ■ 敵対的買収の歴史と現状

戦前は、敵対的買収を含む企業買収が盛んであった。1896年に、若尾逸平、根津嘉一郎らは経営難に陥っていた東京電燈（現在の東京電力）を敵対的に買収した[31]。その後、東京電燈は買収を繰り返し、関東一円の電力供給を行う大企業に成長した。

五島慶太は、鉄道、バス会社10社を買収して、1939年に東京横浜電鉄（現在の東急電鉄）をつくった[32]。戦時中に、東急は、現在の小田急電鉄、京浜急行、京王電鉄を吸収した。また、現

---

31　鍋島高明著『相場師異聞——一攫千金に賭けた猛者たち』（河出書房新社、2002年）161〜166頁。山梨中央銀行ウェブサイト「山梨中銀金融資料館—テーマ展示（甲州財閥）」。山梨近代人物館ウェブサイト（2024年8月30日閲覧）

32　佐藤朝泰著『会社乗っ取り』（日朝報道、2005年）103〜105頁

在の東京メトロ銀座線を運営していた東京地下鉄の経営権を取得した。1955年に、五島は、老舗百貨店白木屋の株式を横井英樹から買い取り、東横百貨店と合併させて東急百貨店日本橋店とした[33]。

1952年に、相場師の藤綱久二郎による陽和不動産（現三菱地所）買占め事件が起きた。その取得した株式を三菱グループ各社が買い取り、これを契機に財閥による株式持ち合いが始まった。1954年に、三菱商事再合同の際に三菱グループが同社の第三者割当増資を引き受けるなど、旧財閥のグループ化が本格化した。つまり、敵対的買収防衛策が株式持ち合いのルーツである。

1980年代は、反社会的勢力による株式取得が増えた。1984年に、雅叙園観光の内紛にコスモポリタンの池田保次が介入した。その後、債権者の許永中が雅叙園観光の経営権を取得し、伊藤寿永光（元イトマン常務）が経営権を取得した（1991年に、イトマン社長、許永中とともに商法違反等容疑で逮捕）。

1980年代に、小谷光浩率いる光進グループは、飛島建設、蛇の目ミシン工業（現ジャノメ）、藤田観光、国際航業などを買い占めた。1988年に、光進が国際興業の株式の過半数を取得し、経営権を取得した。1990年に、小谷は藤田観光の株価操作容疑で逮捕された。バブル崩壊後は、大型の敵対的買収は減少した。

近年、対象会社の取締役会の同意を得ない敵対的買収もしく

---

33　東急「第2章第4節第2項　東急グループの萌芽」（「東急100年史（WEB版）」2023年3月30日）

図表6－3　近年成立した敵対的、同意なき買収（株式取得）

| 公表日 | 対象企業 | 買収者 | 金額（億円） |
|---|---|---|---|
| 2019年1月 | デサント | 伊藤忠商事 | 204 |
| 2020年1月 | 前田道路 | 前田建設工業 | 867 |
| 2020年7月 | 大戸屋ホールディングス | コロワイド | 63 |
| 2021年1月 | 東京製綱 | 日本製鉄 | 25 |
| 2021年2月 | サンケン電気 | エフィッシモキャピタルマネージメント | 125 |
| 2021年3月 | 日本アジアグループ（JAG） | シティインデックスイレブンス | 207 |
| 2021年9月 | 新生銀行 | SBIホールディングス | 1,139 |
| 2022年6月 | シダックス | オイシックス・ラ・大地 | 84 |
| 2023年7月 | TAKISAWA | ニデック | 166 |
| 2023年12月 | ベネフィット・ワン | 第一生命ホールディングス | 292 |

出所：各社資料より筆者作成

は株式取得が増加している。伊藤忠商事や日本製鉄のような歴史のある大手企業による敵対的TOBの成功例が出てきた。SBIホールディングスは新生銀行に対して敵対的TOBを実施した。筆頭株主の預金保険機構はSBIのTOBに応募した。政府を巻き込んだ事案であったが、敵対的であること自体は問題にならなかった。

　米国では、事前の合意なく買収を申し入れた場合、unsolicit-

第6章　日本はアクティビスト天国、攻めやすく守りにくい　211

ed offerと呼ばれる。被買収会社の取締役会がその買収提案に対して反対を表明してもなお、買収を続行する場合、敵対的買収とされる。ただし、ほとんどの場合、買収者と被買収会社は合意をして「円満に」敵対的買収は成立する。

2023年に、経済産業省は企業買収における行動指針を公表した。対象会社の取締役会の賛同を得ずに行う買収を「同意なき買収」と定義している[34]。英語のhostile takeoverに相当する買収も含まれるとする。ニデックによるTAKISAWA買収は、対象企業の同意は得られなかったが、同行動指針に沿ったものである。指針では、同意なき買収への対応方針や対抗措置への賛否をめぐって、株主総会における株主の合理的な意思を確認することが基本となるとする。

買収に合意した被買収会社に対して第三者が買収提案し、被買収会社が当初の買収契約を破棄して、第三者と友好的買収に合意するという例が増えてきた。ニトリホールディングスが、DCMホールディングスとの争奪戦の末に、2021年に島忠を買収した。第一生命ホールディングス（第一生命HD）は、エムスリーによる買収で合意したベネフィット・ワンを買収した。

## ■ 日本におけるアクティビズムの歴史

1989年に、ブーン・ピケンズ（ブーン社）は、小糸製作所の筆頭株主となった（持株比率20%）[35]。1990年に、持株比率を26%に引き上げたが、株主総会で7件の株主提案は否決され

---

[34] 経済産業省「企業買収における行動指針—企業価値の向上と株主利益の確保に向けて—」（2023年8月31日）

た。大量保有報告書制度導入により、ブーン社が保有する小糸製作所の実質株主は麻布建物であることが発覚した。1991年に、ピケンズは全株を麻布建物に売却した。

　元通商産業省官僚の村上世彰が代表を務めた村上ファンドは、2000年の昭栄（キヤノンの株式を大量に保有）に対するTOBに始まり、東京スタイルとの委任状合戦、フジテレビを保有するニッポン放送、TBS、阪神電気鉄道の株式取得などを主導した。2006年に、証券取引法（現金融商品取引法）違反で逮捕され、有罪となった。

　2003年に、スティールは、ソトー、ユシロ化学工業に対して敵対的TOBを試みた。両社は大幅な増配を実行し、株価が大きく上昇した（TOB不成立）。2009年に、スティールは、アデランスホールディングス（現アデランス）の敵対的買収に成功した（2014年に売却）。

　TCIは、Jパワー株を取得し、20％までの買い増しの意向を表明したが、2008年に外国為替および外国貿易法（10％以上の株式取得の制限）に基づき日本政府から中止命令が下った。2012年、2013年に、JTに対し、株主提案を行ったが、いずれも否決された。

　2018年にバリューアクトが株式を取得したオリンパスは、翌年、同社から取締役を受け入れた。そして、2020年に、映像事業（カメラなど）、そして祖業である顕微鏡事業をバイアウト・

---

35　T・ブーン・ピケンズJr.著『ブーン　わが企業買収哲学』（早川書房、1987年）、後藤光男著『「小糸」・「ブーン・ピケンズ」事件─国境を超えた企業防衛』（産能大学出版部、1997年）

ファンドに譲渡した。

2020年に、バリューアクトはJSRの株式を取得し、2021年に、JSRは同社から取締役を受け入れた。2022年に祖業である合成ゴム事業を売却し、2024年に、産業革新投資機構がJSRを買収した。

2017年以降、村上は活動を活発化させている。野村絢（長女）、オフィスサポート、レノ、南青山不動産、シティインデックスイレブンスなどを通じて、株式保有やアクティビスト活動が行われている。大きな利益をあげたとみられるのが、西松建設、ジャフコグループ、コスモなどの案件である。

エフィッシモは、2006年に、村上ファンド出身者高坂卓志らにより設立され、シンガポールに拠点を置く。大型株を保有するのが特徴である。川崎汽船、第一生命HD、リコーなどの大株主である。

## ■ 世界のMBOの現状

MBOは、現在の経営者が全部または一部の資金を出資し、事業の継続を前提として一般株主から対象会社の株式を取得することをいう。公開買付けを行い、その後にスクイーズアウトを行うことによって対象会社の株式全部を取得する。MBOに関して、経済産業省は、2007年、2019年と二度にわたって指針を策定した。

対象会社の資産を担保に、PEファンド等からの借入金を活用するレバレッジド・バイアウト（LBO）が一般的である。このため、債務返済が確実に見込める安定成長業種（小売、ヘル

スケアなど）が投資対象となりやすい。上場廃止後は、事業を整理し、再度、上場することもあるが、再上場後に大きく成長した例は少ない。

世界の大型案件として、オランダの通信会社のアルティス・ヨーロッパ（現アルティス・グループ）がある（金額6.3兆円、2021年）。米国では、HCA（病院経営、4.6兆円、2006年）、キンダー・モーガン（エネルギーインフラ経営、3.9兆円、2007年）、デル、アラマークがMBOを行い、再上場している。

MBO後再上場した企業で、時価総額が最大の企業はHCAヘルスケアである（時価総額10.1兆円）。2006年に、ベイン・キャピタル、KKRなどの支援により、MBOを行った。2011年に、再上場した。HCAは1989年にもMBOを行っており、二度MBOして、二度上場したことになる。

日本で歴代MBO金額が最大であったのがすかいらーくホールディングスの2,950億円である（2006年）。2014年に再上場し、2023年末の時価総額は4,698億円である。

FOOD & LIFE COMPANIES（旧スシローグローバルホールディングス）のMBO金額は212億円（2009年）だが、2023年末の時価総額は3,363億円である。シンプレクス・ホールディングスのMBO金額は236億円（2013年）だが時価総額は1,579億円、ローランドは345億円（2014年）だが時価総額は1,241億円と大きく増加した。再上場ではないが、ユニバーサル・スタジオ・ジャパン（USJ）は2009年に632億円でMBOしたが、2015年と2017年の2回にわたって、米国のコムキャストが合計4,378億円で買収した。

第6章　日本はアクティビスト天国、攻めやすく守りにくい　215

一方で、失敗例もある。ツバキ・ナカシマのMBO金額は1,014億円（2007年）である。2015年に再上場したが、時価総額は305億円である。ワールドのMBO金額は2,100億円（2005年）である。2018年に再上場したが、時価総額は578億円である。

　2023年のMBO金額は合計1.4兆円と、前年の4倍以上になった（出所：レコフ）。主要な事例は、大正製薬ホールディングス（大正製薬HD、MBO金額7,077億円）、アウトソーシング（2,211億円）、ベネッセホールディングス（2,079億円）である。大正製薬HDのMBOは、創業家で取締役副社長の上原茂によるものである。買収資金は、大正製薬HDが保有する子会社株式等を担保に、三井住友銀行からの借入れでまかなう。

## ■ 小括：株価上昇が最強の防衛策

　依然として、日本は相対的に株価水準が低い。東証内国上場企業3,927社、PBRデータ取得可能企業3,796社のうち、PBRが1倍未満の企業は1,724社（データ取得可能企業の45％）を占める。時価総額が3,000億円以上の企業は400社（上場企業全体の10％）のうち1倍未満は34％である。

　一方で、敵対的買収、非友好的買収、アクティビズムが相対的に少なく、かつ規模も小さい。2012年から2021年のTOBのうち、米国では同意なきTOBが16.6％、競合的TOBが7.0％であるが（全体のTOBが584件）、日本では同意なきTOBが3.8％、競合的TOBが3.2％である（同476件）[36]。

　上述のように、日本の会社法は、株主総会における株主権が

強い。しかし、日本独自の防衛策とされた第三者割当増資や株式持ち合いについても使いづらい状況になってきた。新株予約権などを用いる防衛策の発動条件が厳しい。このため、日本では、買収者が攻めやすく、被買収企業が守りにくい状況が生まれている。

　振り子は、時として大きく振れるものである。戦前の日本は、敵対的買収が一般的に行われていたが、戦後は、一転して、企業グループの形成や株式持ち合いなどにより、大型の敵対的買収がほとんどなくなった時期もある。しかし、もともと、日本は攻めやすく守りにくい法制度である。

　したがって、ここまで徹底して防衛手段を制限すれば、同意なき買収やアクティビストによる株式取得が大きく増加するものと思われる。買収の増加によって、業界再編の活発化、企業の大型化、不合理な経営の減少が起こることが期待される。

　ただし、同意なき買収やアクティビストによる株式取得の多発は、企業経営を不安定化させることがある。米国のGEやダウ・デュポンの企業分割、東芝の上場廃止のように、企業経営を根幹から揺さぶる場合があり、よいことばかりではない。これらのターゲットになると、経営陣は対策に時間をとられ、法律事務所や投資銀行などアドバイザーに多額の金銭を支払うことが一般的である。もう一つの防衛策は、MBO、そして上場廃止であるが、コストがかかり、かつ上場のステータスを失うことになる。失敗例も少なくない。つまり、ねらわれないこと

---

36　経済産業省「事務局説明資料」（公正な買収の在り方に関する研究会（第1回）資料4、2022年11月18日）

が、有効な防衛策である。

　これまで議論してきたように、経営者がその気になれば、企業が割安な株価を上げるのは容易であると考えられる。結論として、対アクティビスト、敵対的買収に対する最も効果的な防衛策は株価を上げることである。

第 **7** 章

コーポレート
ガバナンス改革で
株価は上がる

※本章敬称略

# コーポレートガバナンスの世界的潮流

## ■ 形式重視のガバナンス改革は失敗した

　筆者は、真のガバナンス改革は、「日本企業のガバナンスが劣化している」という事実を直視することから始まると考える。なかには、社外取締役や指名委員会が増えたことを指して、コーポレートガバナンスがよくなったという人もいる。しかし、依然として、日本企業は低成長、低収益で、かつ不祥事が頻発する状態であり、優れたガバナンスとはいえない。

　2010年代以降、さまざまなコーポレートガバナンス改革が実施されてきた。その代表例が、2014年のSSコード、2015年のCGコード導入である。日本のSSコードは、「責任ある機関投資家」として当該スチュワードシップ責任を果たすにあたり有用と考えられる諸原則を定める。これらによって、形式上の改革は進んでいる。東証によると、独立取締役比率3分の1以上の企業は、2015年12％から2024年98％まで大きく上昇した（東証プライム市場対象）。任意の指名委員会の設置会社は同じく、8％から86％に上昇した。

　しかし、日本企業の国際的な地位は低下しつつある。2023年末の世界の時価総額上位100社のなかで、日本企業はトヨタ自動車1社しかない。2013年末は3社であった。2位のソニーGは世界117位、3位のNTTは世界126位である。

　依然として、企業の収益力も低い。ROEは、米国の17.9％

**図表7－1　不祥事による経営者交代の例**

| 発覚<br>時期 | 企業 | 企業不祥事 | 組織<br>形態 | 独立取締<br>役比率<br>（％） |
|---|---|---|---|---|
| 2018年<br>11月 | 日産自動車 | 有価証券報告書の<br>報酬過少申告（虚<br>偽記載） | 指名委 | 60 |
| 2019年<br>7月 | 日本郵政、かん<br>ぽ生命、日本郵<br>便 | かんぽ生命の不適<br>切販売 | 指名委 | 67 |
| 2019年<br>9月 | 関西電力 | 原発をめぐる役員<br>らの金品受領 | 指名委 | 62 |
| 2020年<br>9月 | 東芝 | 株主総会不適切運<br>営 | 指名委 | ― |
| 2021年<br>2月 | みずほフィナン<br>シャルグループ | システム障害 | 指名委 | 67 |
| 2021年<br>6月 | 三菱電機 | 鉄道向け空調設備<br>等の不正検査 | 指名委 | 58 |
| 2022年<br>8月 | AOKIホール<br>ディングス | 前会長ら3名が五<br>輪組織委員への贈<br>収賄で逮捕 | 監査委 | 38 |
| 2022年<br>9月 | KADOKAWA | 会長が五輪組織委<br>員への贈収賄で逮<br>捕 | 指名委 | 54 |
| 2022年<br>9月 | ENEOSホール<br>ディングス | CEOの女性に対<br>する不適切言動 | 監査委 | 43 |
| 2023年<br>9月、<br>12月 | SOMPOホール<br>ディングス | ビッグモーター不<br>正請求、企業保険<br>カルテル | 指名委 | 82 |

注：組織形態、取締役数、独立取締役数は2024年5月末時点。
出所：各社資料

に対し、日本は8.9％である（FactSet2024年予想）。経済産業省の研究会は、「日本企業全体としての「稼ぐ力」は低迷しており（中略）、株価指数に表される日本企業の「企業価値」は欧米や新興国と比較して「一人負け」している状況」という[1]。東京五輪汚職事件や大手自動車メーカーなどにみられるように、不祥事が頻発している。これでコーポレートガバナンスが改善しているといえるのであろうか。

　以下、コーポレートガバナンスの基礎理論をふまえたうえで、ガバナンス改革の戦略について検討する。

## ■ コーポレートガバナンスとは何か

　世界的に、コーポレートガバナンスの定義はさまざまである[2]。「G20／OECDコーポレートガバナンス原則2023」によると「会社を方向づけ、目標を設定し、その目標を達成し業績を監視するための手段を決定する仕組みとシステムを提供するもの」と定義する。ただし、「良好なコーポレートガバナンスに単一モデルは存在しない」とする[3]。日本のCGコードは「会社が、株主をはじめ顧客・従業員・地域社会等の立場を踏まえた上で、透明・公正かつ迅速・果断な意思決定を行うための仕組み」と定義する。

---

1　経済産業省「コーポレート・ガバナンス・システムに関する実務指針（CGS ガイドライン）」（2022年 7 月19日）

2　江頭憲治郎「コーポレート・ガバナンスに関する諸問題」（生命保険文化センター、公開講演会、2003年 2 月18日）

3　OECD「G20/OECDコーポレートガバナンス原則2023」（邦訳版、2024年 3 月）

シュライファーとヴィシュニーは狭義のガバナンスを、「株主と経営者との間の利害対立問題をいかに解消し、株主利益を最大にするか」と定義する[4]。経営者が自己の利益を優先することなく株主の利益の最大化を図る状態が、この場合の優れたガバナンスである。

江頭は「『会社の持続的な成長の実現』は、主に経営者の力量に依存する（中略）。『コーポレート・ガバナンス』の手法は、基本的に、"（株主の利益を）裏切りかねない経営者を監督する"ための『守りの手法』」と主張する[5]。たしかに、取締役会、監査役会、監査法人、監査等委員会などのさまざまなガバナンスに関連する機関は、設備投資や企業買収にかかわる決定など攻めの要素もあるが、守りの要素が比較的多い。

近代ガバナンス理論は、1932年に、バールとミーンズが「株式保有が分散したために、株主の経営監視の動機が低下し、経営者を十分に監督できない」ことを指摘したのが原点である[6]。20世紀初頭までは、米国では、鉄鋼王アンドリュー・カーネギー、石油王ジョン・ロックフェラーなどの財閥が上場企業の株式を多く保有していた。1930年代の大恐慌以降、オー

---

4　Andrei Shleifer and Robert W Vishny, "A Survey of Corporate Governance." Journal of Finance 52 (2), 1997, pp.737-783、柳川範之「契約理論から見た我が国の今後のコーポレートガバナンスのあり方」（経済諮問会議目指すべき市場経済システムに関する調査会第2回配布資料2、2003年5月13日）2頁

5　江頭憲治郎「コーポレート・ガバナンスの目的と手法」（早稲田法学第92巻第1号、2016年）95〜117頁

6　A.A. Berle and G.C. Means, *The Modern Corporation and Private Property*, Revised edition, Macmillan, 1932

ナー家の株式保有が分散し、大株主が消滅した。株主の発言権は低下したために、経営者の権限が強まった。これを、経営者中心主義と称する。

1970年に、ノーベル経済学賞受賞者ミルトン・フリードマンは、「企業の社会的責任は利益を増加させることである」と題する論文を発表した[7]。主要な論点は、「経営者が社会的責任を果たすために企業という器や株主のお金を使うべきではない」というものである。

1972年に、アルキアン、デムゼッツが「会社は契約の束である」という概念を導入した[8]。「契約の束」モデルは、「契約により当事者の権利・義務を規定する（完全契約）という前提にたち、それを束ねた集合体が会社である」とする。会社という法人は、株主との契約（定款など）を中心に、株主、納入業者、顧客、従業員、経営者、政府、地域社会などステークホルダーとの契約を束ねたものとなる。

1976年に、ジェンセン、メックリングがプリンシパル（主な株主）とエージェント（経営者）との間のエージェンシー問題の重要性を指摘した[9]。エージェンシー理論においては、会社

---

7　Milton Friedman, "A Friedman doctrine — The Social Responsibility of Business Is to Increase Its Profits", The New York Times, September 13, 1970

8　Armen A. Alchian and Demsetz Harold, "Production, Information Costs, and Economic Organization", The American Economic Review Vol. 62, No. 5, 1972, pp. 777-795

9　William H. Meckling and Michael C.Jensen, "Theory of the Firm: Managerial Behavior, Agency Costs and Ownership Structure", Journal of Financial Economics, Vol. 3, No. 4, 1976, pp. 305-360

は「契約の束」にすぎず、株主はその業務執行を代理人たる取締役に委任する。その委任において、取締役は忠実に依頼者たる株主の利益を最大化すべく努め、同時に自己の利益追求を優先しないことが求められる。

2000年以降、従来のエージェンシー問題を超え、支配株主と少数株主とのエージェンシー問題[10]、株主とそれ以外のステークホルダーとのエージェンシー問題[11]をあわせたものが広義のエージェンシー問題ととらえられている[12]。これらのエージェンシー・コストを最小化することが、ガバナンスの要諦であると考えられる。

## ■ 会社は株主のものか

「会社は株主のもの」という株主主権論の根拠には、「株主のみがリスクを負っている」という前提があげられる。会社が契約の束であるとすれば、契約が完全に履行される限り、株主のみが残余請求権者となる。残余請求権者は、毎決算期の最終的な利益と会社の清算時の残余財産を無制限に得ることができる。このため、株主は、残余利益と残余財産を最大化しようとするインセンティブが働く。

---

10 Fausto Panunzi, Mike C. Burkart and Andrei Shleiferm, "Family Firms", Journal of Finance Vol.58, No.5, 2003, pp.2167-2201

11 John Armour, Henry Hansmann and Reinier H.Kraakman, "Agency Problems, Legal Strategies, and Enforcement", Harvard John M. Olin Discussion Paper Series, No. 644, July 2009, pp.1-19

12 Henry Hansmann and Reinier H. Kraakman, "The End of History for Corporate Law", Harvard Law School Discussion Paper No. 280, 2000, pp. 1-34

一方、株主以外のステークホルダーは、会社の確定請求権を
もつ。株式と異なり、債券などの他の資本提供者は、一定の利
益（金利など）が保証されており、かつ清算時には、会社の財
産を優先的に受け取る権利がある。つまり、株主以外の契約者
は、契約が確実に実行される限り、契約以外のリスクを負わな
いといえる。

株主主権論の正当性については、契約理論の観点からは疑問
が投げかけられる。グロスマン、ハート、ムーアによって提唱
された不完備契約理論は、株主のみが残余請求権者であること
を否定する[13]。現実には、企業が完全に契約を履行できない場
合がある。たとえば、会社が経営破綻すれば、債権（貸付金や
給料）が回収できない場合がある。契約が不完備であるとする
なら、「契約の束」モデルから導き出された株主主権論は成り
立たない。

近年、狭義のガバナンス論よりも、広義のガバナンス論が支
持を広げている[14]。無論、ステークホルダーのなかで最大のリ
スクを負っているのは株主であることは否定できない。そこ
で、結論としては、「会社は株主を中心とする多くのステーク
ホルダーのもの」ということになる。

会社法には「会社は株主のものである」とは明記されていな

---

13　Sanford J. Grossman and Oliver D. Hart, "The Costs and Benefits of
　Ownership: A Theory of Vertical and Lateral Integration", Journal of
　Political Economy Vol. 94, No. 4, 1986, pp. 691-719、Oliver Hart and
　John Moore, "Incomplete Contracts and Renegotiation", Econometrica
　Vol. 56, No. 4 , 1988, pp. 755-785
14　宍戸善一著『動機付けの仕組みとしての企業―インセンティブ・シ
　ステムの法制度論』（有斐閣、2008年）26頁

い。株主は利潤証券、資産証券、支配証券としての株式の権利を保有する。つまり、株主は、共益権（議決権など）に加えて、自益権である配当、そして会社を清算した時の残余財産を得ることができるにすぎない。

したがって、「株主を中心とする多くのステークホルダーの利益を最大化する状態が、優れたコーポレートガバナンス」であることになる。長期的な利益成長は、株主の満足度を高め、かつ、納税、雇用、投資などを通じて、社会に対する貢献度を高める。こうして、社会と調和しながら（例：大きな不祥事を起こさない）、長期的に利益が成長し、かつ、株価が上昇している会社が、優れたコーポレートガバナンスの会社といえる。たとえば、世界ではマイクロソフト、アップルなどが該当すると考えられる。

## ■ 米国における社外取締役普及の歴史

「社外取締役はガバナンスの中核を担う」といわれる。米国における社外取締役の構成比率上昇は、ソフトローも含めた制度強化と判例法の蓄積が影響している[15]。1956年に、NYSE上場会社規則は2名以上の社外取締役の選任を義務づけた。1977年に、半数以上の独立取締役で構成される監査委員会の設置を義務づけた。

1975年に、アイゼンバーグが、取締役の監視機能を重視する

---

15　Jeffrey N. Gordon, "The rise of independent directors in the United States, 1950-2005: Of shareholder Value and Stock Market Prices", Stanford Law Review Vol. 59, Issue 6, April 2007, pp. 1465-1568

図表7−2　米国の独立取締役構成比の推移

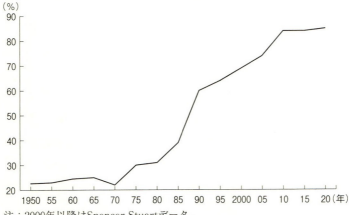

注：2000年以降はSpencer Stuartデータ。
出所：Jeffrey N. Gordon, "The rise of independent directors in the United States, 1950-2005: Of Shareholder Value and Stock Market Prices", Stanford Law Review Vol. 59, Issue 6, April 2007およびSpencer Stuart

モニタリング・モデルを提唱した[16]。それまで、取締役会は業務執行者が中心のマネジメント・ボードであった。しかし、モニタリング・モデルにおいては、取締役会は株主の利益を守る経営監視の場、つまりモニタリング・ボードとなる[17]。取締役の主な役割は、CEOの業績を評価し、あるいは選解任することである。

---

[16] Melvin Aron Eisenberg, "Legal Models of Management Structure in the Modern Corporation: Officers, Directors, and Accountants," California Law Review, Vol. 63, Issue 2, March 1975, pp. 375-439
[17] Usha Rodrigues, "A Conflict Primacy Model of the Public Board", University of Illinois Law Review, Vol. 2013, Number 3, pp. 1051-1088

1980年代に敵対的買収ブームが起こり、これが独立取締役選任の増加につながった[18]。裁判所は、買収防衛策発動の可否を判断する際、独立取締役の役割を重要視した。経営判断原則の特徴は、裁判では取締役会の判断の内容は審理せず、プロセスの適切性を審理することである。要は、プロセスが正当であれば、判断の結果責任は問わないというものである。

　デラウェア州一般会社法では、取締役の信認義務は明示的に定められていないが、信認義務に関する判例は長い歴史をもつ[19]。判例においては、会社の取締役、業務執行者は、その地位を利用して、自身の利益を追求してはならず、取締役の義務と自己の利益の間に利益相反があってはならないことを求める[20]。

　会社法141条(c)は、取締役会が特別委員会に権限を委譲することを認めている。防衛策発動によって、相手に損害を与えた場合でも、独立した社外取締役のみで構成される特別委員会が適切に判断したものであれば、経営判断原則の適用を受け、経営者の責任は免責される可能性が高い。こうして、判例の蓄積によって社外取締役の有効性が浸透した。

　1970年代まで、独立取締役構成比は20〜30％で推移していた

---

18　Jeffrey N. Gordon, "Independent Directors and Stock Market Prices", ECGI Working Paper Series in Law, Working Paper N°.74／2006

19　代表的な裁判例として、Guth v. Loft, Inc., Del. Supr., 23, 255, 5 A.2d 503, 510 (Del. Ch.1939)

20　Daniele Marchesani, "A New Approach to Fiduciary Duties and Employees: Wrongful Discharge in Violation of Public Policy", University of Cincinnati Law Review Vol. 75 (2007)、裁判例としてCede & Co. v. Technicolor, Inc., 634 A.2d 345, 361 (Del. 1993)

が、1980年の31%から1990年には60%に上昇した[21]。この時期に、取締役会の性格はマネジメント・ボードからモニタリング・ボードに変わった。

その後、社外取締役の独立性が問われることとなった。エンロン、ワールドコム事件を契機に、2002年に、サーベンス・オクスレー法が制定された。上場規則改定で、過半数の独立取締役選任が義務化され、取締役の独立性の定義が厳密化された。独立性基準では、取締役会は当該取締役が上場企業と重要な関係がないことを立証しなければ、独立取締役と認められない（NYSE上場規則303A.02.(a)）。そして、本人、もしくは親族との関係について、独立取締役の要件が厳格化された（同303A.02.(b)）。

独立取締役で構成される監査・指名・報酬委員会の設置も義務づけられた。2003年に、SECは、サーベンス・オクスレー法の要請として、監査委員会をすべて独立取締役とするとともに、独立性基準を強化し、基準を満たさない企業の上場を禁止する規則を設定した。

## ■ コーポレートガバナンスにおける社外取締役普及の重要性

米国では、平均取締役数は10.8人であり、そのうち独立取締役は9.2人である（2023年、S&P500構成企業対象、出所：Spencer Stuart）。非オーナー系の企業の取締役会は、一般的に、社内

---

21　前掲・注15と同じ

230

取締役1名（CEOのみ）と独立取締役10名前後で構成される。オーナー系の企業の社内取締役は、CEOに加えて、創業者一族から若干名選任されることが多い。取締役会平均開催数は年7.6回（中央値は7回）、平均年収は約4,500万円である。

　米国では、独立取締役が多数を占める取締役会がCEOを解任する例は少なくない。取締役の独立性と企業業績には有意な関係はないが、業績の悪い会社のCEO解任には効果があるという研究がある[22]。一般に、米国の社外取締役は社会的な地位が高い。業績の悪い会社のCEOを十分に監視できない場合、その取締役にとって、自らの評判に大きく影響する。

　エンロン事件を契機に、経営と監督の分離が進行し、取締役会はモニタリング・ボードの色彩を一段と強めた。こうして、取締役会は、多様性はあるものの、その会社の業務に関して専門性を欠く社外取締役が大半を占めるようになった。

　結果として、経営の実権は取締役会から業務執行会議（executive committee）に移行していった。業務執行側では、最高財務責任者（CFO）、最高戦略責任者（CSO）などのCXO体制が定着した。現在では、監視監督をする取締役会と経営を実際に動かす業務執行会議とでは、CEOのみが構成員を兼務することが多い。

## ■ 欧米では社外取締役の在任期間が長い

　日本では、議決権行使基準として、社外取締役の在任期間が

---

22　Volker Laux, "Board Independence and CEO Turnover", Journal of Accounting Research, Vol. 46, No. 1, 2008, pp. 137-171

図表 7 - 3 　主要国の独立取締役構成比（2023年）

| | 平均取締役人数<br>（人） | 平均独立取締役人数<br>（人） | 構成比<br>（％） |
|---|---|---|---|
| 英国 | 10 | 10 | 94 |
| スイス | 9 | 8 | 87 |
| 米国 | 11 | 9 | 85 |
| カナダ | 11 | 9 | 83 |
| フランス | 14 | 8 | 58 |
| ドイツ | 15 | 9 | 57 |
| イタリア | 11 | 6 | 55 |
| スペイン | 11 | 5 | 47 |
| 日本 | 10 | 5 | 46 |

注：独立取締役人数について、英国は、取締役議長除く。
出所：Spencer Stuart

　10年や12年を超える場合は機関投資家が反対する場合が少なくない。しかし、エヌビディアやアマゾンでは、任期が30年前後の社外取締役がおり、社外取締役の在任期間が長いことがコーポレートガバナンスを損なうとは考えにくい。

　米国では、独立取締役の在任期間は平均7.8年である（2023年、2013年は8.6年、出所：Spencer Stuart）。S&P500企業の69％が取締役の退任方針を設定しており、そのうちの97％が72歳の年齢上限を設けている。

　社外取締役について、在任期間の上限を定めているのは 8 ％にすぎない。上限の平均は14.4年で、10年から20年の間である。米国時価総額上位10社のうち、在任期間上限を設ける企業

はない。マイクロソフトの場合、取締役の在任期間の制限は設けていないが、独立取締役については、平均在任期間を10年以下にするように努めるとする。

エヌビディアは、1993年創業時から2名が社外取締役を30年間続けている（2023年末時点）。アルファベットは、1998年創業時から1名が続けている。アップルのアーサー・レビンソンは2000年に取締役、2011年に取締役会議長に就任した。アマゾン、バークシャー・ハサウェイにも、在任期間が20年超の社外取締役がいる。

ISSの米国の議決権行使基準では、取締役の在任期間を個別に判断するとしている。ISSの日本の場合、特に、取締役の在任期間に関する規定はない。

米国ほどではないが、大陸欧州の優良企業の社外取締役の在任期間も長い。欧州時価総額上位企業のうち、在任期間が最も長い社外取締役は、ロシュHDのアンドレ・ホフマン氏である。創業家一族であり、28年の在任年数である（2024年5月末時点、社外だが株主）。フランス、スイスのオーナー系企業を中心に在任期間が長い。

英国では、CGコードにより、社外取締役の独立性を損ないうる事由の一つとして、任期が9年を超える場合があげられる。それにもかかわらず、独立取締役とする場合は、理由の説明が求められる。アストラゼネカでは、在任期間が25年を超えた独立取締役がいる。

このように、社外取締役の在任期間とガバナンスには、特段の関連がないといえる。以上を総合すると、「在任期間が長い

と一律に反対」という議決権行使基準は合理的な根拠はなく、適切ではない。

　日本の場合、社外取締役の在任期間は 3 年から 5 年目が全体の47％を占め、次いで、 1 年から 2 年目が38％、 6 年から10年目が13％を占める[23]。社外取締役数は、2004年の918名から2024年の6,970名（独立取締役6,737名）に増えている（出所：日本取締役協会）。

　日本経済団体連合会（経団連）によると、2023年10月23日時点で、上場企業（プライム、スタンダード市場）の女性役員（取締役、監査役）3,693人のうち、社外役員は3,164人（社外役員に占める女性役員比率は20.5％）であった[24]。女性社外取締役は2,598名（社外取締役に占める女性取締役比率は23.6％）、女性社外監査役は566名（社外監査役に占める女性監査役比率は12.7％）であった。

　2024年の株主総会の社外取締役選任議案で、賛成率が低かった事例として、ツガミの久保健（賛成率59.5％）、KDDIの山口悟郎（65.2％）、山本圭司（65.2％）があげられる。いずれも独立性に問題があるとみられた。シャープの場合、鴻海からの反対などにより、 4 名の社外取締役の賛成率が60％台と低かった。

---

23　経済産業省「日本企業のコーポレートガバナンスに関する実態調査報告書」（PwCあらた有限責任監査法人、2020年 3 月）
24　日本経済団体連合会「上場企業役員ジェンダー・バランスに関する経団連会員企業調査結果」（2023年12月25日）

# ■ ボード3.0とは何か

　近年、コーポレートガバナンスの研究において、コロンビア大学、スタンフォード大学ロナルド・ギルソン教授とコロンビア大学ジェフリー・ゴードン教授が提唱する「ボード3.0（取締役会3.0)」が注目を集めている[25]。ボード1.0は助言、ボード2.0はモニタリング、ボード3.0は戦略策定支援を重視する。ボード3.0では、長期的観点から、利害関係者が対象企業の戦略策定に直接的に参画して経営改革を行う。たとえば、PEファンドやアクティビスト・ファンドなどの株主が派遣する社外取締役が参加する。

　1950年代から1960年代に一般的であったボード1.0は、「アドバイザリー（助言)」型の取締役会モデルである。取締役会はCEOチームの一部であり、他の企業の役員、CEOの友人などで社外取締役が構成される。

　1980年代以降のボード2.0は、社外取締役が増えたものの、彼らは①情報不足、②リソース不足、③意欲の限界、という問題を抱える。社外取締役は非常勤であり、また、取締役の独立性が高まると、CEOを厳しく監視する動機が乏しくなる。

　2010年代に、経営の実権は取締役会から業務執行会議に移行

---

**25** Ronald J. Gilson and Jeffrey N. Gordon, "Board 3.0: What the Private-Equity Governance Model Can Offer Public Companies", Journal of Applied Corporate Finance, Vol. 32, Issue3, Summer 2020, pp. 43-51、Ronald J. Gilson and Jeffrey N. Gordon, "Board 3.0 — An Introduction", Article published in The Business Lawyer, Vol. 74, Spring 2019. Abstract from draft posted February 10, 2019

する例が増えた。CFO、CSOなどのCXO体制が定着し、経営
幹部のプロ化が進んだ。現在では、経営執行会議が経営に責任
をもち、取締役会は監視・監督が中心と、責任分担ができてい
る場合が多い。

ボード3.0は、PEファンドの投資先企業に対するガバナンス
（取締役派遣）から着想を得たものである。ボード3.0では、
ボード2.0モデルの役割に加えて、経営陣の戦略と業務執行を
モニタリングするという特別な権限を与えられた取締役が混在
する。そして、ボード3.0の取締役には、取締役会に設置する
戦略検証委員会に参加することが提唱されている。

ただし、ボード3.0による大きな成功例は見当たらず、ファ
ンドの投資対象など一部に該当する。よって、コーポレートガ
バナンス・モデルの中心になるものではないとも考えられる。

## ■ 米国のガバナンス改革は成功しつつある

世界のコーポレートガバナンス改革には、主として、英国型
と米国型がある。英国型は、CGコードに代表されるように、
ソフトロー主体である（"comply or explain" 原則、「遵守するか
さもなければ説明する」）。一方で、米国は、ハードロー（判例法
と制定法）が主体である。

米国の法制度の特徴は、①デラウェア州一般会社法の影響が
強い、②司法による法の創造が活発である（判例法が詳細を決
める）、③上場規則が上場会社法の役割をもつ、ことである。
ガバナンスに対して影響の大きい証券取引所の上場規則は、ソ
フトローであるものの、証券取引所法を根拠法とするため、実

態的にはハードローに近い。CGコードやSSコードは存在しない。

　米国では、ハードローによるエンフォースメント（法の執行）が強力である。不正行為の抑止を目的として、司法省など政府が民事訴訟を起こして高額の制裁金を科すなど法の執行が強力である。

　世界最大の金融市場をもつ米国は、たびたび、世界の経済危機の震源地になった。1929年大暴落、その後の大恐慌において数多くの不正が明らかになったため、1933年証券法、1934年証券取引所法が制定された。2002年のサーベンス・オクスレー法は、会計スキャンダルを契機に制定され、コーポレートガバナンス、情報開示などが強化された。リーマン危機をきっかけとして、2010年のドッド・フランク法により、金融機関に対する規制強化が規定された。

　米国の金融法制は、大規模な不祥事や不正事件が発生した反省から厳罰化してきた歴史がある。このため、ハードローによる厳しい監視と罰則にかかわる体制が整備された。

　1934年証券取引所法により、SECが自主規制団体（例：証券取引所）やその規制を監督する制度が導入された。連邦レベルで規制を実施すると膨大なコストがかかるので、証券取引所や証券業界を自主規制機関（SRO）として認定し、SROを通じて規制している。

　SECは、ガバナンスに関する直接的な権限はもたないが、上場規則を承認するので、間接的ではあるものの上場企業のガバナンスに強く関与する。たとえば、独立取締役にかかわる規定

第7章　コーポレートガバナンス改革で株価は上がる　237

は、上場規則によって定められている。資本市場法制や会計基準などに関しては、制定法の授権を受けた規則（SEC規則など）が充実している。このように、米国のSROはソフトローに分類されるものの、政府の関与が強く、英国の自主規制とは大きく異なる性格をもつ。

　エンロン事件、リーマン危機と、短期間に二度の歴史的な危機を経て、米国では大きなガバナンス改革が実施された。もちろん、改革は完全ではないが、2010年以降、大きな不祥事は発生しておらず、また、米国企業の成長力は世界のなかでも群を抜いている。こうして、おおむね、米国のガバナンス改革は成功しつつあるようにみえる。

## ■ 英国のガバナンス改革は失敗に終わった

　1999年に、EUは金融サービス行動計画を策定し、当時、世界最先端の水準をもつ英国の資本市場法制をベースに、EUの法制の改革を実施した。その結果、欧州各国では、CGコードを含むコーポレートガバナンス改革は英国流が中心となった。

　1992年に、英国でキャドバリー報告書は取締役会の監督機能強化などベスト・プラクティスを提示した[26]。これが、FRC（財務報告評議会）が策定するCGコード（2010年）の原型となった。コードの遵守状況は年次報告書で開示する必要があり、上場規則で義務づけられている。

　リーマン危機時に、多くの金融機関が経営危機に陥り、公的

---

26　The Report of the Committee on "The Financial Aspects of Corporate Governance"（＝the Cadbury Report）, December 1, 1992

資金が投入された。その反省から、ウォーカー報告書（2009年）では、投資家と企業の対話のあり方が提案された。そして、2010年に、株主や機関投資家が積極的に企業に対してエンゲージメント（目的をもった対話）を行うことを求めるSSコードが導入された。

しかし、その後も、両コードの効果は限定的である。2016年のG20サミットの講演で、メイ首相（当時）は「英国のガバナンスが貧弱である」と述べ、企業の無責任ぶりを厳しく指摘した[27]。英国企業のガバナンスの主要な問題点は、以下に述べるとおりである。

第一に、英国企業の収益力と株価上昇率は相対的に低い。世界的な成長企業やハイテク企業は存在せず、古い企業が多い。

時価総額上位10社中9社の社歴が100年を超しており、大英帝国時代の植民地政策の遺産によって成功している企業が多い。たとえば、時価総額1位のシェルの発祥は19世紀のインドネシアの原油開発（会社の創業は1907年）である。HSBCホールディングス、ユニリーバは19世紀、ディアジオ（食品）は17世紀、GSK（ヘルスケア）は18世紀の発祥である。

第二に、赤字企業の経営者に対する高額報酬が問題視されている。エネルギー企業BPは、2015年度に約7,800億円の損失を計上したが、CEOに対して約23億円の報酬を支払った。それを決めたのが、15名のうち12名を社外取締役が占める取締役会であった。ほかにも、同様の例は数多い。

---

27　Prime Minister Theresa May Speech, "G20 Summit, China: Prime Minister's press conference", GOV. UK. September 5, 2016

第三に、大型不祥事が多い。RBSの外国為替指標違法操作、HSBCホールディングスの資金洗浄など金融機関の不祥事が多いのが特徴的である。度重なる不正のために、世界の代表的金融指標であるロンドン銀行間取引金利（LIBOR）が2023年に廃止になったほどである。

英国では、両コードの効果が乏しい原因の研究が進んでいる。CGコードの構造上の問題点は、機関投資家が企業のガバナンスを監視するという仕組みにある。短期志向（ショート・ターミズム）の資産運用者が経営者に圧力をかけると、経営は近視眼的になることがある[28]。近年、機関投資家の短期志向が懸念されており、株主側にも問題があると考えられる[29]。

さらに、英国の株主構成がグローバル化している。英国株全体に占める外国人投資家保有比率は、1992年の13％から2022年には58％に上昇した。英国の時価総額構成比は世界の３％しかない。英国株の組入比率が低くなるにつれ、運用会社が投資先を監視する時間や労力を減らすのは自然である[30]。

SSコードが機能しなかった要因として、機関投資家にとって、SSコードを遵守するインセンティブと能力に欠けること

---

**28** Simon C.Y. Young, "Is institutional investor stewardship still elusive?", Butterworths Journal of International Banking and Financial Law, pp. 508-512, September 2015、同 "Why Stewardship is Proving Elusive for Institutional Investors", Butterworths Journal of International Banking and Financial Law, pp. 406-411, July/August 2010

**29** Simon Wong, "How Conflicts of Interest Thwart Institutional Investor Stewardship", Harvard Law School Forum on Corporate Governance & Financial Regulation, on Sunday, November 6, 2011

**30** ICSA, "The Future of Governance: Untangling corporate governance", February 2017

があげられる[31]。世界的にパッシブ化が進むなかで、インデックス・ファンドの運用会社は、運用者やアナリストの数が少ないため、経営の改善を促すようなエンゲージメントを行う能力に欠ける場合が多い。また、アクティブ運用であっても、時価総額の大きい企業（例：BP、シェル）に対して、エンゲージメントが成功すると、その銘柄を組み入れている他社のファンドにまで恩恵が及ぶ。つまり、自社がコストをかける一方で、他社がフリーライドできる。

## ■ 英国のガバナンス改革の失敗から日本が学ぶべきもの

英国のガバナンス改革が失敗に終わった最大の理由として、以下のような制度設計の問題点があげられる。

第一に、民間企業のガバナンスに関して十分なノウハウをもたない政府が主導すれば、社外取締役を増やすなど形式重視になりやすい。また、エンゲージメントなどは、運用会社にとってビジネス上の恩恵が限定的であるため、持続性に乏しいと考えられる。

その点、米国では、アクティビスト・ファンドや年金基金、そして議決権行使アドバイザーなど民間が改革の主役である。「民間主導」ということは、実務的であり、ビジネスとして持続性があることを意味する。

---

31　Paul Davies, "The UK Stewardship Code 2010-2020 from Saving the Company to Saving the Planet?", European Corporate Governance Institute – Law Working Paper No. 506, 2020

第二に、英国の資本市場法制はソフトロー重視であるため、ハードローによるエンフォースメント（法の執行）が弱い。規制当局の権限は、米国のSECなどと比較すると弱い。

　リーマン危機時に、原則ベース（プリンシプル・ベース）の金融行政が失敗したので、2012年に、FSAを解体して、PRA（健全性監督機構）、FCA（金融行為規制機構）のツインピークス体制を設立した。規制体系として、プリンシプル・ベースをやめ、PRAはジャッジメント・ベース（判断重視）、FCAはアウトカム・フォーカス（結果重視）に転換した。しかし、結果重視というものの、FCAは結果を出せていない。

　CGコードの失敗を受けて、2010年にSSコードがつくられた。しかし、そのSSコードも失敗したので、CGコード、SSコードを策定するFRCを解体し、監査・報告・ガバナンス庁を新設することとした。このように、失敗の連続であり、英国企業の国際的地位も後退している。

　日本が英国から学ぶべきものは一つある。それは、英国が一連の改革のレビューを行い、過去の失敗を謙虚に認めて、改善を図っていることである。日本も英国を見習って、過去の政策を謙虚にレビューすることが、真のガバナンス改革の始まりとなるであろう。

# コーポレートガバナンス改革における日本の課題

## ▎社外取締役の役割の過度な重視

　日本は、2010年代以降、コーポレートガバナンス改革を実施してきたが、過度な形式重視の弊害があるように思われる。とりわけ、社外取締役の役割が過度に重視されることがある。

　社外取締役が機能しづらい理由の一つは、実態として、社長（CEO）が社外取締役を選任していることが少なくないことにある。一般に、株主総会に上程される会社側の取締役選任議案は、多くの場合、社長（CEO）が実質的に決定あるいは承認している。この場合、監視される人（社長）が、監視する人（社外取締役）の人事権と報酬決定権を実質的に握っていることになる。社長に依頼されて就任した社外取締役が、社長を退任に追い込むのを躊躇するのは自然である。

　月に1、2回しか会社に来ない社外取締役が、不祥事を見つけ出すのはむずかしい。たとえば、大きな不祥事を起こした自動車会社や電力会社には、例外なく、元検察庁高官や大物弁護士などが社外取締役を務めていた。しかし、結果的に不祥事に対しては有効に機能しなかった。

　日米の指名委員会は似て非なるものである。米国では指名委員会が社長やCEOなどの人事を決定することが可能である。取締役会が指名委員会に人事権を委譲することが可能であるため、指名委員会が社長やCEOなどの選解任を決定することが

できる。よって、社長やCEOを含まずに、指名委員会だけで経営陣を選解任できる。また、一般には、独立取締役だけで構成される指名委員会がエクゼクティブサーチファームを使って、取締役候補を選抜することが多い。これによって、監視される人が、監視する人を直接的に選ぶことを回避できる。

日本の会社法では、人事権はすべて取締役会にあり、指名委員会が社長やCEOなどの人事を決定することはできない。指名委員会を設置している企業はプライム市場上場企業の90.6%であり、任意設置がそのうち85.7%である（2024年）。任意設置の指名委員会は人事を議論する場にすぎず、法律上の人事権はない。

指名委員会等設置会社（2024年5月末95社）において、指名委員会の権限は、「取締役会の承認を得ずに、株主総会に提出する取締役の選解任議案の内容を決定する」ことである（会社法404条1項）。つまり、指名委員会は取締役の選解任議案にかかわる権限をもつ。しかし、社長やCEOの人事は取締役会の専権事項であり、指名委員会に人事権はない。

一般に、米国では次期社長を育成することが現社長の重要な責務である。CEOと、指名委員会委員長、最高人事責任者（CHRO）が密接に連携し、後継者候補を育成・選抜する。有力な候補者を、COOや子会社のCEOなどの重要なポジションに就け、CEOとしての適性を評価する。そして、指名委員会が最終的に後継者を指名する。

たとえば、アップルのティム・クックCEOは、2005年からCOOを務め、2011年に昇格した。マイクロソフトのサティア・

ナデラCEOは稼ぎ頭であるクラウド部門の幹部から2014年に昇格した。アルファベットのスンダー・ピチャイCEOの前職は子会社グーグルのCEO（現任）であった。ただし、CEO解任時は、社外取締役のみで次期CEOを選任する。

社内事情に疎い社外取締役主導で社長を選ぶと、適切な人事をすることは容易でない。そして、社長は責任をとらされる一方で（とらない場合もあるが）、社長を指名した指名委員会委員長が責任をとったことは聞いたことがない。

社外取締役中心の指名委員会が社長を選ぶ（あるいは推薦する）と、経営力とは関係なく、プレゼンテーションのうまい人が選ばれる確率が高まる。筆者の経験では、何度面接をしたところで、一緒に仕事をしてみないとその人の本当の能力はわからない。これが、社外取締役中心で社長を選ぶと失敗する理由であるように思える。

## ■ 日本企業は経営執行体制の高度化が必要

21世紀に入って、米国では、監視、監督を担う取締役会と、業務執行に責任をもつ経営執行会議の二層制が定着している。遅れて、日本でも取締役会と経営執行会議の二層制が定着しつつある。

前述のとおり、米国では、社外取締役が多いため、必然的に取締役会全体としての専門性は落ちる。そこで、専門的な経営判断の多くは、各分野の専門家で構成される経営執行会議（CXO体制）が担うようになっている。

10〜20年前は、経営執行体制はCEO、COO、CFOの三者が

中心になることが多かった。しかし、近年では、Cスイート（スイートは一式という意味）として、COOがなくなり、そのかわりに最高人事責任者（CHRO）、最高技術責任者（CTO）、最高サステナビリティ責任者（CSuO）など、さまざまな専門知識をもつ人材が各ファンクションのトップに立つようになっている。

米国では経営人材の流動性が高いので、経営執行会議メンバーはプロの経営者や専門家で構成される。社内で昇進することも多いが、社外から特定の分野のプロをスカウトしてくる例も多い。

日本でも社外取締役の構成比が高まった結果、取締役会は多様化した。それ自体は肯定的にとらえることができるが、米国同様、必然的にその専門性の低下が懸念される。そこで、米国の例にあるように、業務執行体制を充実させることが不可欠である。

しかし、年功序列、終身雇用制が根強く残る日本では、経営執行会議メンバーのほとんどが社内の人材で構成されている。社外から専門家を採用することは多くないため、結果として、経営力の低下が発生することがある。取締役を多様化するのであれば、経営幹部を高度化、プロ化しないと、その効用に限界がある。

第6章で述べたように、日本企業の問題の一つが、固有の人事システムを中心とする日本型経営であると考えられる。グローバル時代に、年功序列、終身雇用制を維持しているようでは、企業が世界で活躍するのはむずかしい。しかし、日本型経

営の歴史は長いだけに、合理的な人事制度を定着するのは容易
でない。

　日本的経営の構成要素の多くは、メインバンクや株式持ち合
いのように、その役割を失いつつあるものも多い。しかし、そ
れらのなかでも、年功序列、終身雇用は、いまでも根強く日本
社会に残っており、これがガバナンス改革を大きく阻害してい
ると考えられる。

## ■ 取締役会偏重のガバナンス改革の限界

　日本は、ボード1.0からボード2.0に移行するステージにある
が、その移行は容易でない。そもそも、会社法上、日本では、
モニタリング・ボード導入には制限がある。日本の東証上場会
社の57％を占める監査役会設置会社（東証2,169社）は、マネジ
メント・ボードである。社外取締役も業務執行を決定するた
め、経営の監視と執行は完全に分離できない（会社法362条2項
1号）。

　監査等委員会設置会社（東証1,562社、全体の41％）も、基本
的にマネジメント・ボードであるが、定款変更すれば、監視と
執行を分離することは可能である（会社法399条の13第5、6
項）。指名委員会等設置会社（東証95社、同2％）については、
監視と執行の分離が担保され（会社法416条）、モニタリング・
ボードになることが可能である。

　ただし、指名委員会等設置会社で、十分な監視ができるかは
定かでない。不祥事を起こした関西電力が2020年に指名委員会
等設置会社に移行したが、2021年には電力会社3社とのカルテ

第7章　コーポレートガバナンス改革で株価は上がる　247

ル事件を主導した。効果があまりみられなかった東芝の例もある。

経営者の流動性は低いため、スカウトするのは容易ではない。このように、ボード2.0の導入は日本でも限界がある。

ボード3.0は、日本でもオリンパスやJSRのように成功例が出てきた。ただし、日本では、大規模なファンドの数は限られ、また、経営改革に貢献できる社外取締役候補の数はそれほど多くない。したがって、ボード3.0を本格的に導入することも容易でない。

日本では、政府主導でCGコード、SSコードが制定されて現在のかたちになった。このため、企業がどのように使いこなすかといったノウハウが十分でないまま、社外取締役の数が増えた。社外取締役を多くそろえても、低成長でかつ不祥事が頻発する会社が少なくない一方で、同じく社外取締役が多いソニーG、日立製作所は成長し、株価は大きく上昇している。これらの違いは何であろうか。

オーケストラにたとえるとCEOは指揮者である。個々に優秀な演奏者をそろえても、うまく指揮できないと全体としていい演奏にならない。同様に、会社経営でも、CEOが強力なリーダーシップを発揮して社外取締役の力を引き出し、全体として優れた経営チームにする戦略が重要なのである。このように、社外取締役を使いこなせるかどうかは、CEOの能力次第である。

さらに、CFOやCTOなど経営執行者のプロ化も必要である。社内の経営者育成を重視するとともに、執行レベルで社外から

のスカウトを活発化することが望ましい。

これまでどおりの形式重視の経営改革では、ガバナンス悪化に歯止めはかからず、日本株の相対的不振は続くおそれがある。年功序列、終身雇用制から脱却し、プロの経営者が社外取締役を使いこなして、優れた経営チームをつくりあげることが期待される。

## 3 親子上場の功と罪

### ▍海外では日本よりも巨大な親子上場が存在する

日本独特のコーポレートガバナンスの問題として、親子上場があげられることが少なくない。しかし、海外では、日本をはるかにしのぐ巨大な親子上場が存在しており、決して、親子上場は日本固有のものではない。

世界最大の親子上場は、ドイツ・テレコム（時価総額16.8兆円）と上場子会社のＴモバイルUS（同26.0兆円）である。そして、ポルシェAGなど時価総額が10兆円を超える上場子会社（親会社も上場）が7社ある。上位5件はいずれも親子の時価総額逆転現象が起きている。

時価総額上位10件中6社がクロスボーダーの買収、あるいは出資によるものである。大陸欧州や新興国で親子上場が比較的多いが、米国では少ない。米国上場子会社で最大の時価総額は、サザン・コッパーの9.3兆円（親：グルポ・メヒコ、メキシ

**図表 7 - 4　海外の親子上場時価総額上位10社**

| 子会社 | 国 | 親会社 | 国 | 子会社時価総額（兆円） | 親会社時価総額（兆円） |
|---|---|---|---|---|---|
| 1　ＴモバイルUS | 米国 | ドイツ・テレコム | ドイツ | 26.0 | 16.8 |
| 2　ポルシェAG | ドイツ | フォルクスワーゲン | ドイツ | 11.2 | 9.0 |
| 3　プロサス | オランダ | ナスパーズ | 南アフリカ | 11.1 | 4.4 |
| 4　LGエナジー・ソリューション | 韓国 | LG化学 | 韓国 | 10.9 | 4.1 |
| 5　ＡＲＭホールディングス | 英国 | ソフトバンクG | 日本 | 10.8 | 9.2 |
| 6　ヒンドゥスタン・ユニリーバ | インド | ユニリーバ | 英国 | 10.5 | 17.0 |
| 7　ウォルマート・デ・メキシコ | メキシコ | ウォルマート | 米国 | 10.3 | 59.4 |
| 8　サザン・コッパー | 米国 | グルポ・メヒコ | メキシコ | 9.3 | 6.1 |
| 9　シーメンス・ヘルシニアーズ | ドイツ | シーメンス | ドイツ | 9.2 | 21.0 |
| 10　バリト・リニューアブルズ・エナジー | インドネシア | バリト・パシフィック | インドネシア | 9.1 | 1.1 |

注：時価総額は2023年末時点。1ドル＝140円で換算。
出所：FactSet

コ）である。

　日本の親子上場は数こそ多いが、海外のような巨大な親子上場は、ソフトバンクG、日本郵政、NTT（いずれも親会社）などに限られる。海外親会社を含めると中外製薬（同：ロシュ

HD）が時価総額1位となる。旧政府系企業の親子上場として
は、ゆうちょ銀行、NTTデータグループ、かんぽ生命が3件、
ソフトバンクG関連が3件、ランクインしている。イオンは16
社、SBIホールディングスは7社、GMOインターネットグルー
プは8社の上場子会社を抱える。

　東証によると、支配株主とは、親会社や議決権の過半数を所
有している株主をいう（有価証券上場規程2条42号の2、有価証
券上場規程施行規則3条の2）。親会社以外の支配株主は、創業
者などの個人が一般的である。

　東証内国上場企業（3,833社）のうち、親会社を有する会社
は300社、支配株主を有する会社は282社、上場親会社を有する
会社は226社、全体の5.9％である（2024年8月20日現在）。2006
年の11.9％（300社程度）から減少傾向にはある。かつては、パ
ナソニックHD、日立製作所、NEC、ニデックなどが多くの子
会社を上場させていた。しかし、そのほとんどが、親子上場を
解消している。

　上場子会社時価総額上位10社中3社で、親子逆転現象が起き
ており、ゆうちょ銀行（同：日本郵政）、日本酸素ホールディン
グス（同：三菱ケミカルグループ）、東映アニメーション（同：
東映）の場合、子会社が親会社の時価総額を上回る。GMOイ
ンターネットグループは、時価総額2,822億円であるが、上場
子会社8社合計は9,011億円（GMOペイメントゲートウェイ7,501
億円）と逆転している。

　東証は、「コーポレート・ガバナンスに関する報告書」にお
いて、親子上場について利益相反に関する事項の開示を求めて

図表7－5　上場親会社を有する企業の時価総額上位10社

| 子会社 | 時価総額<br>（10億円） | 親会社 | 時価総額<br>（10億円） | 保有比率<br>（％） |
|---|---|---|---|---|
| 1　ソフトバンク | 8,437 | ソフトバンクG | 9,251 | 40.7 |
| 2　ゆうちょ銀行 | 5,195 | 日本郵政 | 4,359 | 61.5 |
| 3　LINEヤフー | 3,816 | ソフトバンク | 8,437 | 64.4 |
| 4　NTTデータグループ | 2,804 | NTT | 15,602 | 57.7 |
| 5　日本酸素ホールディングス | 1,635 | 三菱ケミカルグループ | 1,301 | 50.6 |
| 6　協和キリン | 1,280 | キリンホールディングス | 1,888 | 53.8 |
| 7　かんぽ生命保険 | 960 | 日本郵政 | 4,359 | 49.8 |
| 8　ZOZO | 954 | LINEヤフー | 3,816 | 51.5 |
| 9　SCSK | 875 | 住友商事 | 3,762 | 50.6 |
| 10　東映アニメーション | 795 | 東映 | 300 | 33.6 |

注：時価総額は2023年末時点。海外親会社除く。
出所：FactSet

いる。CGコードでは、支配株主を有する上場会社には、少数株主の利益を保護するためのガバナンス体制の整備を求める。支配株主を有する上場会社に対し、独立社外取締役を少なくと

も3分の1以上（プライム市場上場会社においては過半数）選任するか、支配株主と少数株主との利益が相反する重要な取引を行う場合、独立社外取締役を含む独立性を有する者で構成された特別委員会を設置すべきであるとする（補充原則4-8③）。

## ■ 親子上場とアクティビスト

　近年、ガバナンスの観点から、親子上場は好ましくないと考える機関投資家が多く、アクティビスト・ファンドが親子上場の会社に介入するようになった。とりわけ、親会社が時価総額の大きい上場子会社を保有している場合、アクティビスト活動の対象となりやすい。

　2004年、村上ファンドが、フジテレビ（現フジ・メディア・ホールディングス）を保有するニッポン放送の株式を買い集め、これに堀江貴文率いるライブドアが参戦し、歴史に残る敵対的買収劇となった。ニッポン放送がフジテレビの親会社であったが、時価総額では、フジテレビがニッポン放送を上回る状態にあった。最終的に、ニッポン放送はフジテレビの完全子会社として、上場廃止となった。それ以外に、阪神電鉄、阪神百貨店、新日本無線などをターゲットとした。

　近年は、ガバナンスが脆弱であるとして親子上場廃止を求めたり、親子上場廃止に伴うTOBで、TOB価格の引上げを要求したりする事案が多い。2010年代以降、海外ファンドの活躍が目立つ。オアシス・マネジメントは、パナホーム（買収者パナソニックHD）、アルパイン（アルプス電気）、エリオット・マネジメントは、日立国際電気（KKR）をターゲットとした。

第7章　コーポレートガバナンス改革で株価は上がる　253

一方で、親子上場のメリットはインキュベーション機能である。実質的に、親子上場の最大の成功企業は、かつて豊田自動織機の子会社であったトヨタ自動車である。2024年3月末時点で、連結上場子会社は日野自動車の1社しかないが、持分法適用関連上場企業は23社ある。トヨタ自動車は、巨額の株式持ち合いと親子上場によって、巨大な企業グループを形成している。ただし、現在、トヨタグループは、持ち合い解消を進めている。アクティビストのアセット・バリュー・インベスターズ（AVI）は、豊田自動織機とアイチコーポレーションに対し、親子上場関係を解消するよう求めている。

　それ以外にも、インキュベーションの成功例は数多い。古河グループは、現古河機械金属がそのルーツであるが、歴代、子会社が上場し、成長した。その系図は、現在の古河機械金属→古河電工→富士電機→富士通→ファナック、アドバンテストである。富士通、ファナック、アドバンテストの時価総額は4兆円前後と、世代が若いほど、時価総額が大きい傾向がある。

　東京ディズニーリゾートを運営するオリエンタルランドは、当初、三井不動産と京成電鉄による合弁会社であった（千葉県なども出資）。富士フイルムホールディングスは、1934年に大日本セルロイド（現ダイセル）の写真フィルム事業の分離承継により設立された。東京エレクトロンは、1963年に、日商岩井出身者によって設立された輸入商社に、東京放送が出資した。デンソーは、1949年に、トヨタ自動車から分離した。

## ■ 親子上場の是非は市場に委ねるべき

親子上場は、子会社にとって、①経営の独立性が高まる、②上場会社としてのステータスを活用できる、③資金調達の自由度が高まる、などのメリットがある。有力な親会社があれば、子会社であっても優秀な人材、豊富な資金、ビジネス上の信用などを比較的容易に獲得することができる。

親会社にとっては、①株式売出しが資金調達の手段となる、②事業ポートフォリオの入替えの有力な手段となる、といったメリットがある。親会社の一部門であるよりも、分離して株式上場をねらうほうが、権限の委譲が進み、より迅速で大胆な経営判断が可能となる。

一方で、投資家からの批判がある。親子上場のデメリットとして、①子会社が親会社にとって不要な人材の受け皿になる、②親会社により有利でない条件で商取引を子会社が強いられる、③少数株主を軽視した経営判断や資本取引が行われる、などが考えられる。

親子上場は、株式持ち合い、複数議決権付株式などと同様にコーポレートガバナンス上の問題を生むこともある。そのため、親子上場が不適切であると考える投資家は少なくない。親子上場が不適切と考える投資家はそれらに投資しなければいいだけのことである。情報開示さえ十分であれば投資は自己責任であり、先入観なしに、取引所は多様な投資機会を提供することが期待される。

親子上場は、世界で広く存在し、日本ではトヨタ自動車や

ファナックなどの世界的な企業を輩出してきた。さらに、日本郵政にみられるように、親子上場は政府自らが実行する資本政策である。ベンチャー企業が生まれにくい日本では、親子上場のインキュベーション機能を積極的に評価したい。

ただし、課題もある。大企業の事業再編の一環として、単に資金調達の手段としての親子上場で終わることなく、大企業からの新事業のスピンオフを目指すことが期待される。さらに、大企業からのスピンオフが活発になるように税制や規制を整備することが必要である。さらに、アクティビストを含む投資家が適切な評価を行い、市場メカニズムによって、好ましくない親子上場が淘汰されることが望ましい。結論として、規制を最小にして、市場原理によって、適切な親子上場を淘汰し、好ましい親子上場が続々と誕生するような制度設計が必要である。

## ■ 小括：産業の新陳代謝が優れたガバナンスを生む

米国のガバナンスと、日本の「米国流ガバナンス」は、似て非なるものである。日本のガバナンス改革は、米国の制度を取り入れることが多い。しかし、法制度、企業文化、商慣習、人材の流動性など社会的なプラットフォームが大きく異なる日本に、米国流のやり方を中途半端に取り入れても機能しない。

米国企業の成長力や収益力が高いのは、多くの優良ベンチャー企業が次々と誕生しているからである。アマゾン、アルファベット、メタ・プラットフォームズなど世界の巨大企業の

多くはオーナー系企業である。「会社の持続的な成長」を目指すには、多くのベンチャー企業を育成し、優れた経営者を多く輩出するような制度設計をすることが有効である。

　日本でも、ソフトバンクG、ファーストリテイリング、ニデックなど、強烈な個性をもつオーナー系企業の成長力が高い。これらが急成長してきたのは、社外取締役や株主との対話の数が多かったからではなく、創業者でありCEOである（あった）孫正義、柳井正、永守重信の経営者としての力量が優れているからであると考えられる。こうして、「会社の持続的な成長」は、形式要件の充足などでは実現できないであろう。

　伝統的企業による不正行為も、成長企業が多く育てばある程度解決する余地があると思われる。たとえば、LIBOR不正操作事件は、いわば古い企業同士の談合である（大手金融機関が談合しロンドンにおけるドル金利を操作した）。多くのフィンテック企業がLIBOR市場に参入すれば、市場操作はむずかしくなることであろう。

　同様に、大手建設会社によるリニア新幹線談合事件や、幹部が金の小判を賄賂として配った電力会社の贈収賄事件も、伝統的な企業による市場の寡占に起因する要素があると考えられる。建設業界や電力業界に、有力な成長企業が数多く現れれば、談合やカルテルは効果を発揮しようがない。

　日本でも米国同様、優秀な経営者が活躍し、経営力のない企業は淘汰される市場メカニズムが働くような制度設計が必要である。結論として、社外取締役を増やすなど形式要件を重視するのではなく、優れたスタートアップ企業を育て上げ、産業界

の新陳代謝を促進することが日本企業のガバナンスを改善することにつながると考える。

# おわりに

　本書は多角的な議論を展開してきたが、筆者が、最も強い関心をもっているのが、企業のDNAである。企業のDNAを理解するために筆者が最も重視するのは、企業の歴史、あるいは沿革である。歴史を紐解くと、その企業の個性がよく理解できる。

　株価上昇の戦略は、①キャッシュ・フローを増大、②本業に再投資、③自社株買いを中心に株主還元強化、である。とりわけ、①が最も重要であるが、そのためには世界的なイノベーションを生むことが大変重要であると考える。日本企業による世界的なイノベーションの例としては、トヨタ自動車のハイブリッドシステム、あるいは、ファーストリテイリングのヒートテックがある。

　トヨタ自動車のルーツは、発明王と呼ばれた豊田佐吉氏である。豊田氏は、発明した自動織機を製造販売するために豊田自動織機を1926年に設立した。1933年に自動車製造を開始し、1937年に、自動車部をトヨタ自動車工業として設立した。こうして、トヨタ自動車は、トヨタ生産方式（カンバン方式）など多くのイノベーションを世界に送り続けてきた。このように、いまなお、創業者のDNAが脈々と生き続けている。

　イノベーションを生むには、模倣困難性が重要であり、そのルーツの一つになるのが企業のDNAであると考えられる。ただし、企業のDNAや模倣困難性はその定義や形成過程は十分

に研究されていない。そこで、筆者の今後の研究課題は、世界的なイノベーションを生み出す企業のDNAや模倣困難性のメカニズムを研究することである。

筆者は、2022年に資本市場コンサルティング会社である株式会社ストラテジー・アドバイザーズを設立し、同社の代表取締役社長を務めている。アポロ・グローバル・マネジメント日本法人会長の田中達郎氏は、三菱UFJフィナンシャル・グループ取締役副社長退任後、シティグループ・ジャパン会長兼シティグループ証券取締役会長に就任した。その際、筆者はシティグループ証券取締役副会長として田中氏に仕えた。そのご縁で、田中氏にはストラテジー・アドバイザーズの経営諮問委員会委員長をお願いしており、定期的に国内外の企業経営全般に関して幅広い助言を頂戴している。

西村あさひ法律事務所パートナー弁護士太田洋先生には、ストラテジー・アドバイザーズの社外取締役をお願いしている。太田氏は、2022年、2023年の日経弁護士ランキングの企業法務全般（会社法）１位に輝き、日本を代表する法律家である。特に、企業買収に関する国際比較の研究においては幅広いご指導を頂戴した。

本書は、一般社団法人金融財政事情研究会の山本敦子氏のご尽力で出版に至った。また、ストラテジー・アドバイザーズ取締役東條愛子が執筆に携わった。いずれも、この場を借りて、深く謝意を表明するものである。

## PBR・資本コストの視点からの株価上昇戦略
──経営者の意識改革で株価は上がる

2025年1月17日　第1刷発行

著　者　藤　田　　　勉
発行者　加　藤　一　浩

〒160-8519　東京都新宿区南元町19
発　行　所　一般社団法人 金融財政事情研究会
出　版　部　TEL 03(3355)2251　FAX 03(3357)7416
販売受付　TEL 03(3358)2891　FAX 03(3358)0037
URL https://www.kinzai.jp/

DTP・校正：株式会社友人社／印刷：三松堂株式会社

・本書の内容の一部あるいは全部を無断で複写・複製・転訳載すること、および
　磁気または光記録媒体、コンピュータネットワーク上等へ入力することは、法
　律で認められた場合を除き、著作者および出版社の権利の侵害となります。
・落丁・乱丁本はお取替えいたします。定価はカバーに表示してあります。

ISBN978-4-322-14489-5